A FORÇA DO ESG

Por que, a partir de agora, as **EMPRESAS** realmente serão **SUSTENTÁVEIS**?

A FORÇA DO ESG

RICARDO RIBEIRO ALVES

ALTA BOOKS
GRUPO EDITORIAL
Rio de Janeiro, 2024

A Força do ESG

ALTA BOOKS é uma empresa do Grupo Editorial Alta Books (Starlin Alta Editora e Consultoria LTDA).

ISBN: 978-85-508-2454-3

Impresso no Brasil — 1ª Edição, 2024 — Edição revisada conforme o Acordo Ortográfico da Língua Portuguesa de 2009.

Dados Internacionais de Catalogação na Publicação (CIP)
(Câmara Brasileira do Livro, SP, Brasil)

Alves, Ricardo Ribeiro
A força do ESG : por que, a partir de agora, as empresas realmente serão sustentáveis? / Ricardo Ribeiro Alves. -- 1. ed. -- Rio de Janeiro : Alta Books, 2024.

ISBN 978-85-508-2454-3

1. Administração de empresas 2. Governança 3. Responsabilidade social corporativa 4. Sustentabilidade I. Título.

24-195339 CDD-658.408

Índices para catálogo sistemático:

1. Responsabilidade social e sustentabilidade nos negócios : Administração de empresas 658.408

Eliane de Freitas Leite - Bibliotecária - CRB 8/8415

Grupo Editorial Alta Books

Produção Editorial: Grupo Editorial Alta Books
Diretor Editorial: Anderson Vieira
Editor da Obra: J. A. Ruggeri
Vendas Governamentais: Cristiane Mutüs
Gerência Comercial: Claudio Lima
Gerência Marketing: Andréa Guatiello

Assistente Editorial: Ana Clara Tambasco
Revisão: Camila Maia e Thaís Cotts
Diagramação: Rita Motta
Capa: Paulo Gomes

ALTA BOOKS
GRUPO EDITORIAL

Rua Viúva Cláudio, 291 — Bairro Industrial do Jacaré
CEP: 20.970-031 — Rio de Janeiro (RJ)
Tels.: (21) 3278-8069 / 3278-8419
www.altabooks.com.br — altabooks@altabooks.com.br
Ouvidoria: ouvidoria@altabooks.com.br

Editora **afiliada à:**

SOBRE O AUTOR

Ricardo Ribeiro Alves

Bacharel em Administração, Mestre e Doutor em Ciência Florestal pela Universidade Federal de Viçosa (UFV), em Minas Gerais, com pós-doutorado pela *Universidad de Zaragoza*, em Zaragoza, na Espanha. Professor de mestrado acadêmico em Administração, do curso de Engenharia Florestal e do curso de Bacharelado em Gestão Ambiental da Universidade Federal do Pampa (UNIPAMPA), no Rio Grande do Sul. Atua na área de sustentabilidade empresarial, com foco em pesquisas relacionadas ao *marketing* ambiental, ao consumo consciente, a ESG, à logística reversa, à certificação de gestão ambiental, à certificação florestal e ao mercado verde.

Obteve o 1º lugar nacional do Prêmio "Belmiro Siqueira" (modalidade Artigo Profissional), do Conselho Federal de Administração (CFA), com o artigo intitulado *A gestão ambiental na formação do administrador*. É autor de diversos livros, dentre os quais são:

- *ESG: O presente e o futuro das empresas* (2023, Editora Vozes);
- *Sustentabilidade empresarial e mercado verde: A transformação do mundo em que vivemos* (2019, Editora Vozes);
- *Administração Verde – O Caminho Sem Volta da Sustentabilidade Ambiental nas Organizações* (2021, Editora Elsevier, atualmente no catálogo do Grupo GEN Atlas);
- *Consumo Verde: Comportamento do consumidor responsável* (2ª. edição) (2023, Editora UFV);
- *Empresas Verdes – Estratégia e vantagem competitiva* (2021, Editora UFV);

- *Certificação florestal: Da floresta ao consumidor final* (2022, Editora UFV);
- *Consumo Responsável e Sustentabilidade: Pessoas, empresas, governos e organizações do terceiro setor* (2022, Editora UFV);
- *Certificação Florestal na Indústria: Aplicação prática da certificação de cadeia de custódia* (2014, Editora Manole);
- *Marketing Ambiental: Sustentabilidade empresarial e mercado verde* (2016, Editora Manole);
- *Consumo Consciente: Por que isso nos diz respeito?* (2ª edição) (2022, Editora Appris).

Site: administracaoverde.com.br
LinkedIn: https://br.linkedin.com/in/ricardoribeiroalves
Instagram: @ricardo.escritor
YouTube: youtube.com/RicardoRibeiroAlvesEscritor
E-mail: adm.ricardoribeiroalves@gmail.com

DEDICATÓRIA

Dedico este livro aos meus queridos pais — José Alves Filho *(in memoriam)* e Neide da Conceição Ribeiro Alves —, aos meus irmãos, Ronaldo, Andréa e Robson, e também aos meus sobrinhos, tios, primos e demais familiares pelos ensinamentos e pelo laço fraternal que nos une.

Aos meus queridos e saudosos avós paternos, José Alves do Sacramento e Izolina Martins de Arruda (Vovó Zulica); e aos avós maternos, Pedro Ribeiro da Silva e Conceição Francisca Ribeiro, pelos valiosos ensinamentos em minha infância e adolescência.

Ao professor Laércio Antônio Gonçalves Jacovine, do Departamento de Engenharia Florestal da Universidade Federal de Viçosa (UFV), que foi meu orientador no mestrado e doutorado em Ciência Florestal. Meus primeiros passos na carreira de escritor contaram com a paciência e dedicação dele.

À professora Elena Fraj Andrés, da *Facultad de Economía y Empresa*, da *Universidad de Zaragoza* (Espanha), que foi minha supervisora de pós-doutorado. Gentilmente, ela fez o prefácio do presente livro.

Aos meus antigos e atuais colegas de trabalho. E a todos os meus amigos.

POR MEIO DA LEITURA,
TEMOS ACESSO ÀS IDEIAS,
CONHECIMENTOS E HISTÓRIAS
QUE O AUTOR "APRISIONOU" EM UM LIVRO
E QUE "VIAJAM" ATRAVÉS DOS TEMPOS.

(Ricardo Ribeiro Alves)

O VERDADEIRO SUCESSO INDIVIDUAL
OCORRE SOMENTE QUANDO ELE CONTRIBUI
PARA O PROGRESSO DA COLETIVIDADE.

(Ricardo Ribeiro Alves)

O FUTURO NOS DIRÁ
COMO FORAM AS NOSSAS
ESCOLHAS DO PRESENTE.

(Ricardo Ribeiro Alves)

SUMÁRIO

PREFÁCIO

Se você é uma pessoa preocupada em como suas decisões pessoais e de negócios afetam seu entorno mais próximo, você está diante do livro que o guiará, oferecendo as ferramentas necessárias para que o equilíbrio dessas decisões seja o mais positivo possível. O autor desta obra transita "como um peixe na água" entre questões de gestão ambiental das empresas e temas de consumo responsável. Prova disso são os diversos textos publicados por ele até o momento: *Certificação florestal na indústria: Aplicação prática da certificação na cadeia de custódia* (2014); *Administração verde: O caminho sem volta da sustentabilidade ambiental nas organizações* (2016); *Empresas verdes: Estratégia e vantagem competitiva* (2011); *Consumo verde: Comportamento do consumidor responsável* (2020), entre outros.

Nesta presente ocasião, a sua pesquisa — de mais de um ano e meio — sobre os critérios do ESG (*Environmental, Social and Governance*, em inglês), levou-o a escrever esta obra, que não deixará ninguém indiferente — sobretudo empresários, professores e pesquisadores. Ao longo de sete capítulos, o autor explica o que é ESG (capítulo 1); a importância de identificar os principais riscos das decisões empresariais (capítulo 2); a necessidade de ouvir todos os *stakeholders* e evitar conflitos entre eles (capítulo 3); a criação de valor entre todas as partes interessadas e a sua contribuição para o desempenho da Agenda ESG (capítulo 4); a aplicação prática do ESG com base em seus três pilares conceituais: ambiental (capítulo 5), social e governança (capítulo 6); e como formar um profissional ESG para sua atuação futura no mercado (capítulo 7).

Como professora de disciplinas como "*Marketing* ambiental" e "*Marketing* e Responsabilidade Social Corporativa (RSC)", tenho a oportunidade de pesquisar os critérios do ESG. Embora inicialmente os tenhamos analisado como um dos índices para medir o desenvolvimento das políticas de RSC nos bancos e instituições financeiras, nos últimos anos, o seu alcance foi ampliado a todos os tipos de organizações em que se pode investir o que faz sentido, já que esse tipo de critério é considerado uma evolução do conceito de "Investimento Socialmente Responsável" (ISR). Em outras palavras, são os critérios que os potenciais investidores vão observar ao escolher entre uma ou outra empresa para colocar seu capital.

Segundo o BBVA (Banco Bilbao Vizcaya Argentaria), até 2020, os investidores institucionais que desejavam investir em bancos se concentravam principalmente em aspectos relacionados à governança corporativa. Porém, a partir de 2020, temas como mudanças climáticas e sociedade começaram a ser mais demandados pelos investidores. Não se sabe se isso é devido à pandemia e ao confinamento, mas a verdade é que há uma maior preocupação em saber como os setores mais sensíveis às mudanças climáticas podem ajudar a reduzir a sua pegada de CO_2. Ou se é sobre como é feito o trabalho em relação à igualdade trabalhista, cibersegurança, proteção de dados de clientes, ética empresarial, questões de inclusão financeira em países em desenvolvimento, contribuição para o desenvolvimento de uma comunidade local, entre outros fatores.

Nesse contexto, seguindo o exemplo dos bancos, a aquisição de uma casa sustentável, ou a reforma de uma residência para torná-la mais sustentável em termos energéticos, é subsidiada financeiramente. E, da mesma forma, qualquer atividade ou negócio que contribua para o alcance de algum dos Objetivos de Desenvolvimento Sustentável (ODS) da Agenda 2030. Portanto, esse tipo de ação nos faz consumidores mais conscientes de como as empresas podem ajudar a mitigar alguns problemas ambientais e sociais. Além disso, é importante destacar que, no processo de geração de valor das empresas para o mercado, elas precisarão que suas diversas partes interessadas (*stakeholders*) também sigam a mesma filosofia de gestão baseada em critérios do ESG. Do contrário, não faria sentido e estariam enganando seu consumidor, seus clientes e a sociedade em geral.

Assim, dada a importância que os critérios ESG parecem ter na economia atual e o interesse que as empresas demonstram na sua implementação, esta poderia ser a resposta à questão a que se refere o título deste livro: "A partir de agora, por que as empresas serão realmente sustentáveis?" Porque ou elas geram um impacto social e ambiental além do econômico, ou o mercado não contará com elas. Logo, todos esses temas são desenvolvidos com mais detalhes ao longo dos sete capítulos do livro. Tenho certeza de que o leitor gostará de lê-lo de diversas formas: aproveitando seu conteúdo na tomada de decisões de sua empresa, ensinando os conceitos fundamentais dessa filosofia de gestão em suas aulas e propondo novas linhas de pesquisa que contenham critérios ESG em seus objetivos de análises.

Zaragoza, 30 de maio de 2023.

Elena Fraj Andrés
Profesora del Departamento de Dirección de Marketing e Investigación de Mercados
Facultad de Economía y Empresa
Universidad de Zaragoza (España)

APRESENTAÇÃO

Muita gente confunde ESG com sustentabilidade ambiental, considerando-os sinônimos. Da mesma forma, alguns dizem que *marketing* é propaganda. Agir dessa forma é reduzir o "todo" a apenas a uma "parte desse todo", o que enfraquece bastante o conceito.

Assim, ESG é muito mais do que sustentabilidade ambiental, assim como *marketing* é muito mais do que propaganda. E, com isso, não estou dizendo que a sustentabilidade ambiental não faz parte do ESG, como também não diria que a propaganda não faz parte do *marketing*. No entanto o que são as três letras que compõem a sigla ESG? Elas correspondem ao ambiental (E de *Environmental*), social (S de *Social*) e governança (G de *Governance*).

Logo, este livro se diferencia no mercado não apenas por apresentar exemplos práticos de cada uma dessas três letrinhas mágicas, mas também em se fundamentar nas três premissas básicas que sustentam a aplicação prática do ESG:

1. O gerenciamento de riscos;
2. O capitalismo *stakeholder*;
3. A geração de valor.

São esses três aspectos que devem nortear os estudos e fazer parte da formação do Gestor de ESG.

A minha expectativa é que vocês, ao lerem a presente obra, tenham a percepção clara do porquê agora as empresas serão realmente sustentáveis. A aplicação efetiva da Agenda ESG nas organizações não é uma moda ou apenas um "enfeite" para mostrar que elas estão fazendo alguma coisa. Se isso ocorrer, será um "tiro no pé". Não há mais espaço para a aparência, pois o que importa é a essência!

Ao aplicarem o seu "rico dinheirinho", os investidores querem mais. Eles querem saber se seus recursos estão numa empresa com menores riscos e se estão gerando valor para as partes interessadas ou *stakeholders*. E caberá tão somente à empresa comprovar efetivamente a sua adequação aos requisitos ESG e sem *greenwashing* ou *ESG washing*!

Por fim, gostaria de dizer que escrever mais um livro sobre ESG é uma grande responsabilidade, mas não deixa de ser uma enorme satisfação, pois é um tema apaixonante e que impacta positivamente as atividades realizadas por empresas e pessoas. E é por isso que eu escrevo: para buscar conhecimento, aprender mais e depois repassar um pouquinho do que sei para as outras pessoas, com o objetivo de transformar as suas vidas para melhor!

Portanto, cada *feedback* que eu recebo sobre meus livros é a minha maior recompensa ao dedicar horas, semanas e meses em intensas pesquisas e na própria escrita de uma obra. E quando o tema representa um propósito de melhoria e evolução das empresas e da sociedade, a motivação é ainda maior. Desejo que este livro possa cumprir esse papel. Obrigado a todos pelo interesse!

Ricardo Ribeiro Alves
@ricardo.escritor

01

ESG: PARECE, MAS NÃO É SUSTENTABILIDADE AMBIENTAL

1.1 Por que resolvi escrever sobre ESG?

Eu sei que o título *ESG: Parece, mas não é sustentabilidade ambiental* inicialmente pode assustar algumas pessoas, mas eu prometo que, ao longo deste capítulo, vocês entenderão o seu significado.

Foi durante o primeiro ano da pandemia do novo coronavírus, em 2020, que eu ouvi falar, pela primeira vez, o termo ESG. De início, não dei muita bola, pois eu imaginei que fosse uma nova "roupagem" do velho e conhecido "tripé da sustentabilidade" *(Triple Bottom Line)*, famoso modelo desenvolvido por John Elkington e que tornou as dimensões ambiental, social e econômica populares nos estudos sobre sustentabilidade. Pouco mais de um ano depois, já no segundo semestre de 2021, ao trocar e-mails com o editor de aquisições de uma editora, eis que ele deixa claro uma de suas demandas: "estou buscando livros que abordem ESG".

Ora, se as editoras estão buscando esse assunto, a primeira coisa que pensei na época foi: *Será mesmo que ESG é apenas uma "nova roupagem" do tripé da sustentabilidade?* Essa dúvida ficou em minha cabeça. Aquela demanda foi o estopim para que eu buscasse maiores informações sobre o assunto. Era preciso investigar mais a respeito e me munir de conhecimento para que tivesse condições de escrever sobre o tema.

Assim, num ímpeto, decidi oferecer a disciplina "Introdução ao ESG" no mestrado acadêmico em Administração da Universidade Federal do Pampa (UNIPAMPA), instituição em que trabalho. No entanto havia uma pergunta importante: *Onde encontrar material para usar na disciplina?* Na verdade, naquela época, havia pouca coisa sobre o assunto. De qualquer forma, oferecer a disciplina sobre ESG me obrigaria a intensificar a busca por mais conhecimento sobre o assunto.

Logo, comprei os poucos livros que encontrei disponíveis sobre o tema e busquei artigos que abordavam ESG. Acredito que a disciplina no primeiro semestre de 2022 foi "razoável", bem em sintonia com os poucos materiais que eu tinha disponíveis naquela época.

No início do segundo semestre de 2022, a situação mudou completamente. Eu comecei a compilar todas as reportagens que achei na internet de empresas que, de alguma maneira, atendiam aos requisitos do ESG. Esse farto material me deu uma "luz no fim do túnel" e passei a entender melhor sobre o assunto. Adquiri, também, outros materiais e fiz cursos sobre ESG, que surgiram no YouTube.

Com mais segurança no assunto e um melhor volume de informações e conhecimento, me aventurei a escrever um livro sobre ESG. Queria que fosse um livro didático e que contasse a história dos eventos precursores desse tema, bem como os "casos reais" de ESG adotados pelas empresas. Esse seria o mote do livro. Após a publicação dessa primeira obra, segui fazendo cursos e lendo mais sobre ESG.

Notei que o material que eu possuía daria para escrever outro livro, abordando novas perspectivas sobre o assunto. Com a proximidade do início do primeiro semestre letivo de 2023, e uma nova turma da disciplina "Introdução ao ESG" no mestrado acadêmico em Administração, comecei a esboçar o presente livro.

Contudo, como poderia iniciar o novo livro? Pensei. Pensei. Pensei. E, da mesma forma que havia feito no primeiro livro sobre ESG, novamente me veio à cabeça uma fábula de Esopo. Se antes, retratei a fábula da *Galinha dos ovos de ouro*, fazendo uma analogia com os recursos naturais do planeta, agora meus pensamentos iam em direção à conhecida fábula da *Cigarra e da Formiga*. Sendo assim, comecei a pensar nas possíveis associações entre aquela fábula e o ESG... Então criei os *slides* para as primeiras aulas e a ideia seria já apresentar a associação entre a fábula e o ESG. Acredito que deu certo, haja vista a boa receptividade dos alunos.

1.2 Como uma fábula pode nos ajudar a entender mais sobre ESG?

Esopo (620 a.C. – 564 a.C.) foi um escritor da Grécia Antiga, a quem foram atribuídas diversas fábulas populares. Alguns estudiosos acreditam que foi por meio dele que surgiu esse gênero literário. Porém, primeiramente, o que são fábulas? Fábulas são composições literárias curtas, escritas em prosa ou versos, em que os personagens são animais que apresentam características humanas, como falar, por exemplo. São muito presentes na literatura infantil. Geralmente, as fábulas têm caráter educativo e fazem uma analogia entre o cotidiano humano com as histórias vivenciadas pelas personagens. Por vezes, essa analogia diz respeito a uma "moral da história", levando diversos aprendizados ao leitor. O mais comum é que a "moral" fique para o final da narrativa.[1]

Dessa maneira, podemos ver que as fábulas são um instrumento interessante para fazer analogias, e é exatamente isso que pretendo fazer neste capítulo com o ESG. Antes de falar sobre o tema, vou descrever na íntegra a fábula *A cigarra e a formiga*.[2] De propósito, **destaquei quatro frases**, que serão comentadas posteriormente.

> *Era uma vez uma cigarra que vivia saltitando e cantando pelo bosque, sem se preocupar com o futuro. Esbarrando numa formiguinha, que carregava uma folha pesada, perguntou:*
>
> *— Ei, formiguinha, para que todo esse trabalho? O verão é para gente aproveitar! O verão é para gente se divertir!*
>
> *— Não, não, não! Nós, formigas, não temos tempo para diversão. É preciso trabalhar agora para guardar comida para o inverno.*
>
> *Durante o verão, a cigarra continuou se divertindo e passeando por todo o bosque. Quando tinha fome, era só pegar uma folha e comer. Um belo dia, passou de novo perto da formiguinha, que estava carregando outra pesada folha.*
>
> *A cigarra então aconselhou:*
>
> *— Deixa esse trabalho para as outras! Vamos nos divertir. Vamos, formiguinha, vamos cantar! Vamos dançar!*

Figura 1. Ilustrada por: Robson Ribeiro Alves (2023).

A formiguinha gostou da sugestão. Ela resolveu ver a vida que a cigarra levava e ficou encantada. Resolveu viver também como sua amiga. Mas no dia seguinte, apareceu a rainha do formigueiro e, ao vê-la se divertindo, ***olhou feio para ela e ordenou que voltasse ao trabalho****. Tinha terminado a vidinha boa.*

A rainha das formigas falou, então, para a cigarra:

— Se não mudar de vida, no inverno, você há de se arrepender, cigarra! ***Vai passar fome e frio.***

A cigarra nem ligou, fez uma reverência para a rainha e comentou:

— Hum! ***O inverno ainda está longe****, querida!*

Para a cigarra, o que importava era aproveitar a vida e aproveitar o hoje, sem pensar no amanhã. Para que construir um abrigo? Para que armazenar alimento? Pura perda de tempo.

Certo dia, o inverno chegou, e a cigarra começou a tiritar de frio. Sentia seu corpo gelado e não tinha o que comer.

Desesperada, foi bater na casa da formiga. Abrindo a porta, a formiga viu à sua frente a cigarra quase morta de frio.

Puxou-a para dentro, agasalhou-a e deu-lhe uma ***sopa bem quente e deliciosa.***

Naquela hora, apareceu a rainha das formigas, que disse à cigarra:

— No mundo das formigas, todos trabalham e se você quiser ficar conosco, cumpra o seu dever: toque e cante para nós. Para a cigarra e para as formigas, aquele foi o inverno mais feliz das suas vidas.

FIM

É importante dizer que essa fábula, em especial, foi reescrita, séculos depois, pelo francês Jean de La Fontaine (1621-1695) e, posteriormente, pelo brasileiro Monteiro Lobato (1882-1948), ambos especialistas na construção e criação de fábulas. Logo, podemos identificar três aspectos importantes dessa fábula:

1. As **formigas** que habitavam o formigueiro, com destaque para a "formiga-rainha". Podemos supor que as demais formigas fossem as "operárias", "soldados" e o "macho".
2. A existência de uma **hierarquia** no formigueiro, na qual era clara a liderança da "formiga-rainha".
3. A **cigarra** cantora.

Vocês podem notar que propositalmente deixei em negrito três palavras, que também usarei em meus comentários.

1.3 Quais as lições da fábula podemos utilizar no estudo do ESG?

A primeira e mais importante pergunta que deve ser feita, ao fazermos a analogia da fábula com o ESG, é:

— O que as formigas "enxergaram" que a cigarra não foi capaz de perceber?

A resposta mais evidente é:

— A chegada de um possível inverno rigoroso!

Com base na resposta anterior, outra pergunta poderia ser formulada:

— Mas quais os possíveis problemas de um inverno rigoroso?

Nesse caso, as respostas poderiam ser diversas. Porém, pensando na situação dos animais da fábula e considerando o inverno rigoroso que ocorre em vários locais do hemisfério norte, certamente poderíamos elencar duas respostas plausíveis.

— As temperaturas extremamente baixas, geralmente negativas, e a formação de camadas espessas de neve.

— E, como consequência das temperaturas baixas, as dificuldades de se obter comida.

Com a percepção clara das consequências do inverno rigoroso, o que fizeram as formigas capitaneadas por sua rainha? Trabalharam por meses antes da chegada do inverno e juntaram alimento suficiente para passarem a temporada de frio. E a cigarra? Bem, ela não se preocupou com isso, e a consequência foi que quase morreu congelada. Ela teve que se valer da compaixão de suas amigas formigas!

Entretanto, se o inverno rigoroso chegaria tanto para as formigas como para a cigarra (e demais animais), por que houve atitudes diferentes em relação àquela estação? Aí temos a **primeira lição da fábula** quando pensamos em ESG:

PERCEPÇÕES DIFERENTES DE RISCO!

Fica claro que a "formiga-rainha" percebeu que havia um **risco** de que o inverno fosse bastante rigoroso e que lhes impossibilitasse sair do formigueiro para obter comida (lembrando que a fábula considera o inverno rigoroso do Hemisfério Norte, que é bem diferente do inverno em países, como o Brasil, por exemplo, que estão no Hemisfério Sul).

Podemos dizer mais...

Graças ao seu instinto e, também, devido à experiência de saber que todo ano havia uma estação fria, provavelmente a formiga-rainha "visualizou" que, nos próximos meses, chegaria o inverno.

Então ela adivinhou o futuro? Claro que não! O verdadeiro líder deve possuir conhecimento, criatividade aguçada e ser capaz de inovar (isso será comentado de maneira mais aprofundada em um capítulo adiante). Soma-se a isso também a experiência que o líder adquire ao longo do tempo, além de seu instinto apurado. Todos esses elementos contribuíram para que a "formiga-rainha" pudesse "enxergar" à frente os possíveis obstáculos, assim como alguém que está acima de uma montanha, usando um binóculo, é capaz de enxergar todo o horizonte que se descortina à sua vista.

Figura 2. Ilustrada por: Robson Ribeiro Alves (2023).

Em outras palavras, podemos dizer que a "formiga-rainha" **antecipou cenários!** Ela foi capaz de, com certa antecedência, prever que um inverno rigoroso poderia chegar e, o mais importante, ter tempo suficiente para se preparar. Assim, a líder do formigueiro **mobilizou as suas subordinadas**, isto é, as formigas, a fim de que elas trabalhassem para estocar alimento suficiente para um possível período de inverno com temperaturas muito baixas. E agora vamos àquelas quatro frases que eu havia deixado em negrito na fábula! Lembram-se delas?

A primeira frase mostra claramente o poder e a autoridade da "formiga-rainha" naquela comunidade de insetos. Ao ver que uma das formigas havia sido persuadida pela cigarra, bastou a líder "olhar feio" para ela e ordenar que voltasse ao trabalho. Imediatamente, a sua subordinada lhe obedeceu! Isso mostra que existe uma hierarquia no formigueiro e que é respeitada por todas as formigas. Assim, dois dos aspectos que eu deixei em negrito, no final do tópico anterior, foram contemplados nesse ponto: as formigas e a sua hierarquia. Ainda falta a cigarra, então vamos a ela.

Na sequência da história, a "formiga-rainha" alerta a cigarra para os **riscos** de se haver um inverno rigoroso naquele ano. E termina com uma ameaça no ar: *Vai passar fome e frio*. Em tom de deboche e desdenhando do possível risco à frente, a cigarra disse: *O inverno ainda está longe*.

Nesse momento, gostaria de fazer uma comparação, talvez um pouco "forçada", mas que nos ajudará a entender melhor a relação da fábula com o ESG:

- A "formiga-rainha", líder do formigueiro, bem poderia ser comparada ao proprietário ou gerente de uma empresa, pois cabe a eles a responsabilidade pela condução de sua empresa e de seus funcionários.
- As demais formigas representam a força de trabalho do formigueiro e poderiam ser equiparadas aos funcionários de uma empresa, que obedecem às ordens de seus superiores.
- A cigarra poderia exemplificar as demais "partes interessadas" que, de alguma forma, têm relação com o formigueiro e as formigas.

Partes interessadas? Onde foi que eu vi isso? Dirão alguns que leem este texto agora. Sim, são os famosos *stakeholders* que aprendemos nas aulas de Administração.

De maneira sintética, podemos dizer que os *stakeholders* são todos aqueles atores que influenciam ou são influenciados por uma organização. Nesse contexto, no meio empresarial, eles correspondem aos governos, empregados, clientes atuais e potenciais, fornecedores, credores, comunidade em geral, sindicatos, investidores, proprietários, acionistas, sócios, organizações não governamentais (ONGs), concorrentes, imprensa, bem como todos aqueles que possam se encaixar nesses requisitos.

Dessa lista de *stakeholders* apresentada, podemos retirar um grupo em particular que se chama *shareholder*. Eles se diferenciam dos demais por efetivamente serem donos do capital da empresa, nem que seja de uma fração apenas. São exemplos de *shareholders* os acionistas, sócios, investidores e proprietários. Nessa classificação também estão os microempresários e os empreendedores.

Voltando à fábula, comparando a "formiga-rainha" com um proprietário ou gerente de uma empresa, chegamos à **segunda lição da fábula** quando pensamos em ESG:

EXERCITAR O CAPITALISMO *STAKEHOLDER!*

Como assim, "capitalismo *stakeholder*"? O que é isso? O capitalismo *stakeholder* pode ser entendido como um tipo de capitalismo em que as organizações procuram criar valor em longo prazo, considerando as necessidades de todas as partes interessadas e a promoção do bem-estar social.[3]

O capitalismo *stakeholder* difere fundamentalmente de outras formas de capitalismo, como o "capitalismo *shareholder*" e o "capitalismo de Estado", de um jeito que supera muitas de suas deficiências. Primeiro, todos aqueles que têm a ganhar e a perder na economia podem influenciar no processo decisório, e as métricas otimizadas para atividades econômicas incluem interesses sociais mais abrangentes. Ademais, existe um sistema de pesos e contrapesos, para que nenhum *stakeholder* possa se tornar ou permanecer dominante em excesso.

Portanto, tanto o governo quanto as empresas — os principais atores em qualquer sistema capitalista — otimizam para um objetivo maior do que lucros: a saúde e a riqueza das sociedades em geral, assim como a do planeta e das gerações futuras. Isso faz do capitalismo *stakeholder* o sistema econômico de preferência e o que deve ser priorizado de agora em diante.[4]

E por que podemos dizer que a "formiga-rainha" praticou, de certa forma, o capitalismo *stakeholder*? Ora, a partir do momento em que ela mobilizou os recursos de que dispunha no formigueiro — notadamente suas subordinadas (um dos *stakeholders*) — visando à obtenção de alimento para passarem o inverno rigoroso, a "formiga-rainha" atendeu às necessidades das formigas, criando valor para elas, exemplificada em sua própria sobrevivência.

Adicionalmente, ao sugerir que a cigarra (que representa os demais *stakeholders*, em nosso exemplo) também trabalhe pensando no inverno próximo, a "formiga-rainha" promove o bem-estar social, querendo não apenas a melhoria de sua comunidade, mas de todos aqueles que, direta ou indiretamente, estão ligados a ela. Isso pode ser visto na última frase da fábula em que deixei em negrito:

> *Puxou-a para dentro, agasalhou-a e deu-lhe uma* ***sopa bem quente e deliciosa.***

A "sopa bem quente e deliciosa" (lembrando que os insetos não tomam sopa, mas a licença poética[5] do autor nos permite imaginar essa situação) nos remete à criação de valor para os *stakeholders*, atendimento das necessidades das partes interessadas e promoção do bem-estar social, indo ao encontro da definição de Capitalismo *Stakeholder.* E assim chegamos a **terceira e última lição da fábula,** quando pensamos em ESG:

GERAR VALOR PARA OS *STAKEHOLDERS*!

Evidentemente que "gerar valor para os *stakeholders*" (terceira lição da fábula) é algo que já está contido na definição de Capitalismo *Stakeholder* (segunda lição da fábula), pois lá mencionamos que é "um tipo de capitalismo em que as organizações procuram **criar valor** em longo prazo"!

Então, Ricardo, "'gerar valor para os *stakeholders*' faz parte do 'capitalismo *stakeholder*'"? Sim, faz parte! No entanto, como a "geração de valor" é importante em nossa caminhada de entendimento do que é ESG, didaticamente, achei interessante darmos um destaque maior a ela. Por isso, preferi desmembrar a "geração de valor" do "capitalismo *stakeholder*" e estudá-la a parte, assim, facilitando nossas futuras discussões.

Essas três "lições" da fábula, e que podem nos orientar em relação ao ESG, serão objeto de estudo ao longo do livro.

1.4 Mas, afinal de contas, o que é ESG?

Podemos dizer que o termo ESG tem sido usado para se referir a práticas empresariais e de investimento, que se preocupam com critérios de sustentabilidade e não apenas com o lucro no mercado financeiro. A sigla ESG, em inglês, significa *Environmental, Social and Governance*, e pode ser traduzido, para o português, como "ambiental, social e governança" (por isso também é conhecido como ASG). A adoção da agenda ESG representa uma verdadeira mudança de paradigma nas relações entre as empresas e seus investidores, já que as melhores práticas tradicionalmente associadas à sustentabilidade passaram a ser consideradas como parte da estratégia financeira das empresas.[6]

Então alguém poderia fazer a seguinte pergunta: *A empresa que tem ações de "sustentabilidade ambiental", se preocupa com o "social" e exerce a "governança" está sempre praticando o ESG?* Não necessariamente seria a melhor resposta. E então chegamos à dúvida do início do presente capítulo. Na verdade, se eu estivesse lendo este livro, eu já estaria ansioso para saber do autor o motivo de "*ESG: Parece, mas não é sustentabilidade ambiental*"?

Se alguém aí também estava com essa apreensão, creio que chegou o momento de dissipar essa dúvida. E deixo destacado a seguir para que possamos fixar este importante lembrete:

> ESG não é sustentabilidade ambiental, mas a sustentabilidade ambiental pode fazer parte do ESG se o seu **NÃO cumprimento** significar **risco** para o negócio.

É a mesma coisa de quando dizemos que "*marketing* não é propaganda embora a propaganda faça parte do *marketing*". Assim, **ESG é muito mais do que sustentabilidade ambiental**, da mesma forma que o *marketing* é muito mais do que a propaganda.

Vejam que eu não disse que a sustentabilidade ambiental não é importante para o ESG, mas que **o ESG vai muito além dela!**

Deste modo, o mesmo raciocínio vale para o "social" e a "governança" do ESG. O **não cumprimento** deles representa **risco** para o negócio da empresa? Se a resposta for "sim", pode ter certeza de que deveria fazer parte da Agenda ESG da empresa!

Adicionalmente, há preocupação da empresa com o "capitalismo *stakeholder*" e geração de valor para eles? Se não existe e isso puder representar risco para o negócio da organização, temos aí um problema relacionado a ESG e que deve ser solucionado.

Dessa forma, somente há sentido em falarmos de ESG caso estejam considerados os três pilares do ESG: a gestão de riscos, o capitalismo *stakeholder* e a geração de valor. Falaremos sobre cada um deles nos capítulos posteriores, com exemplos reais para facilitar o entendimento.

Logo, podemos concluir algo muito importante com tudo o que foi dito até aqui (e não deixem de anotar isso):

Se a condução da Agenda ESG não considerar a gestão de riscos, o capitalismo *stakeholder* e a geração de valor, ela será apenas uma nova "roupagem" do tripé da sustentabilidade, provavelmente sem os efeitos práticos que a sociedade espera.

Figura 3. Ilustrada por: Robson Ribeiro Alves (2023).

Referências do capítulo

1 WIKIPÉDIA. **Fábula.** [s.d]. Disponível em: https://pt.wikipedia.org/wiki/F%C3%A1bula. Acesso em: 20 mar. 2023.

2 PORTAL EDUCAÇÃO. **Fábula:** A cigarra e a formiga. [s.d] Disponível em: https://blog.portaleducacao.com.br/fabula-a-cigarra-e-a-formiga/. Acesso em: 20 mar. 2023

3 AMCHAM BRASIL – CÂMARA AMERICANA DE COMÉRCIO PARA O BRASIL **Capitalismo de Stakeholders:** Conceitos, princípios e pilares. 2022. Disponível em: https://www.amcham.com.br/noticias/sustentabilidade/capitalismo-de-stakeholders-conceito-principios-e-pilares#:~:text=O%20que%20%C3%A9%20capitalismo%20de,promo%C3%A7%C3%A3o%20do%20bem%2Destar%20social. Acesso em: 04 abr. 2023.

4 SCHWAB, Klaus; VANHAM, Peter. **Capitalismo stakeholder:** Uma economia global que trabalha para o progresso, as pessoas e o planeta. Rio de Janeiro: Alta Cult Editora, 2023.

5 "Licença poética é uma incorreção de linguagem permitida na arte. Em sentido mais amplo, são opiniões, afirmações, teorias e situações que não seriam aceitáveis fora do campo da literatura".
WIKIPÉDIA. **Licença poética.** [s.d]. Disponível em: https://pt.wikipedia.org/wiki/Licen%C3%A7a_po%C3%A9tica. Acesso em: 4 abr. 2023.

6 ALVES, Ricardo Ribeiro. **ESG:** O presente e o futuro das empresas. Petrópolis: Editora Vozes, 2023.

02

MAPEAMENTO E GESTÃO DE RISCOS

2.1 O que faz um profissional de ESG?

Respondendo de forma bem direta ao questionamento: o profissional de ESG — também chamado Gestor de ESG ou Gestor ESG — é aquele que faz a gestão de riscos do negócio e trabalha para gerar valor para os *stakeholders*, considerando as dimensões ambiental, social e de governança. A partir dessa resposta, se eu tivesse lendo este texto, me perguntaria: *Mas é possível que exista algum profissional que detenha tanto conhecimento assim nas vertentes ambiental, social e de governança?* Evidentemente que, ao longo do tempo e com mais experiência, o profissional de ESG pode obter valiosos conhecimentos sobre as três letrinhas mágicas do ESG, mas é pouco provável que ele consiga dominar com excelência todos os assuntos.

Todavia, se existe certa dificuldade nesse aspecto, esse profissional deve ser capaz, objetivamente, de gerenciar riscos e de oferecer valor para as partes interessadas. Lembram-se da "formiga-rainha" que foi capaz de **antecipar cenários** ao visualizar o **risco** de um inverno rigoroso nos próximos meses e que, por meio da mobilização de seus subordinados, foi capaz de lhes **oferecer valor** mesmo numa situação inóspita de frio extremo? Lembram-se que, de forma ilustrativa, a oferta de valor foi caracterizada pelo conforto no formigueiro e pela "sopa bem quente e deliciosa"?

Assim, esse profissional de ESG não precisa ser detentor de "todo o conhecimento do mundo", até porque nunca haverá um profissional desse tipo. Todos nós temos nossas limitações, e alguém que é muito bom em Física, por exemplo, pode não o ser bom em Português ou em Literatura e vice-versa. E isso não deve nos desanimar, pelo contrário, deve nos ensinar que temos que trabalhar em parceria com profissionais de diversas áreas do conhecimento. Então qual a habilidade vital para o profissional de ESG? Fazer exatamente como fez a "formiga-rainha" da fábula de Esopo:

1. Ser capaz de antecipar cenários.
2. Ser capaz de visualizar e gerenciar os riscos.
3. Ser capaz de oferecer valor às partes interessadas.

Correto, mas e em relação à utilização prática dos elementos componentes do ESG, ou seja, ambiental, social e governança?, perguntarão alguns de vocês. Vamos a um exemplo prático para nos ajudar nesse entendimento. Imaginemos que um profissional de ESG visualize que o plástico que a empresa dele utiliza nas embalagens de seus produtos possa vir a ser um risco para o seu negócio. *Ah, mas como ele identificou isso como risco?* Ele pode, por exemplo, ter percebido que a concorrência passou a usar embalagens de papel e que existe uma tendência que os consumidores deem preferência a esse tipo de material quando os preços dos produtos são parecidos.

O problema do plástico, como muitos sabem, terá um impacto mais drástico nas décadas que há por vir, enquanto que o plástico acumulado nos oceanos pode afetar a vida na Terra de várias maneiras. Microplásticos tornaram-se onipresentes em águas mundiais, em parte porque levam décadas para se decompor, pois, nos cálculos atuais, estima-se que pode haver mais plástico do que peixes nos oceanos até 2050. O exemplo mais famoso na imaginação popular é a "Grande Porção de Lixo do Pacífico", que consiste principalmente em destroços de microplásticos no oceano Pacífico. No entanto o problema ocorre no mundo todo, afetando todos os corpos d'água do planeta.[1]

Contudo se o profissional de ESG é formado em Administração, por exemplo, ele não tem o conhecimento técnico dos materiais usados nas embalagens dos produtos de sua empresa. Logo, é aí que vem a quarta habilidade que esse profissional deve possuir:

4. Ser capaz de identificar e contratar os profissionais que lhe auxiliarão no atendimento aos requisitos do ESG, ou seja, na dimensão ambiental, social e de governança.

Vamos voltar novamente à fábula. Apesar de ter antecipado cenários, visualizado o risco iminente de um inverno rigoroso e oferecido valor aos seus subordinados (por meio do alimento que deveria ser estocado durante o frio), a "formiga-rainha" não fez o trabalho "braçal". Sua missão era conduzir os subordinados, mostrar o melhor caminho e, assim, ela foi capaz de mobilizar os recursos humanos (muita gente não gosta desse termo, eu sei) que dispunha para a execução do serviço necessário. No referido exemplo, eram as valorosas formigas "operárias" e "soldadas".

E no caso da empresa que utiliza embalagens feitas de plástico e que enxerga um possível risco quando a concorrência passa a adotar embalagens de papel? Nessa situação, o profissional de ESG deve ser capaz de avaliar a profundidade do risco. *Os clientes são realmente sensíveis ao tipo de embalagem caso os preços concorrentes sejam similares?* Se a resposta for negativa, talvez a empresa entenda que possa postergar a mudança. Se entender que pode haver algum risco, é provável que ela tenha tempo suficiente para fazer a troca do material da embalagem, entregando a tarefa ao setor de "pesquisa e desenvolvimento". Porém, se o risco for grande, aí eles terão que correr contra o tempo e se perguntarão: *Por que não visualizamos isso bem antes?*

Logicamente que, em todas as situações possíveis listadas, o profissional de ESG nunca tomará a decisão sozinho. **Ele é basicamente um identificador de riscos e gerador de valor aos *stakeholders*, considerando as dimensões do ESG.** Feito isso, ele deve repassar o problema aos **tomadores de decisão** na empresa e que, geralmente, constituem a Alta Administração, podendo ser os donos, os sócios, os acionistas, os investidores, os gerentes etc. Numa reunião hipotética, o profissional de ESG deve munir esses tomadores de decisão de informações convincentes a respeito do risco que a empresa corre. No nosso exemplo, está relacionado com a embalagem de papel utilizada nos produtos concorrentes.

Por mais que o profissional de ESG alerte para o risco, caberá única e exclusivamente aos tomadores de decisão a escolha a ser seguida, já que isso representará custos para a organização. Certamente, alguns deles podem colocar em uma balança os eventuais **riscos** apresentados pelo profissional de ESG e os **custos** envolvidos numa mudança de embalagem, por exemplo. Qualquer que seja a decisão, somente o tempo dirá se estavam certos.

Caso opte por alguma mudança, no curto ou no longo prazo, o profissional de ESG deverá fazer um planejamento em conjunto com os setores envolvidos diretamente e que irão tirar a novidade do papel futuramente. No exemplo que citamos, isso caberá fundamentalmente ao setor de pesquisa e desenvolvimento, mas contando com o apoio dos setores de *marketing*, de recursos humanos, de produção e de finanças.

Não obstante, temos que saber que "perceber um risco" é como visualizar a fumaça que sai de determinado lugar. A fumaça nos ajuda a sinalizar que talvez haja fogo que, se não controlado a tempo, pode atingir proporções incalculáveis. E isso ocorreu, de certa maneira, com muitas empresas, como veremos a seguir.

2.2 Não identificar determinados riscos pode ser fatal para as organizações

Sempre é importante lembrar que, na história das organizações, houve aquelas que não se atentaram para determinados riscos para seus negócios. É bem comum que isso possa acontecer quando uma mudança de tecnologia provoca rupturas na forma como a empresa sempre conduziu suas atividades. E então, por não conseguirem efetivamente mapear e gerenciar os riscos de uma nova tecnologia, perdem a liderança de seus mercados relativamente em pouco tempo.

Um dos exemplos mais emblemáticos é o da Eastman Kodak Company, ou simplesmente Kodak, que de gigante do mercado de fotografia durante o século XX, entrou em declínio nos anos 1990, culminando em um pedido de falência em 2012. Vamos contar um pouco da história dessa empresa e entender a sua relação com a gestão de riscos e o ESG.

O início da organização remonta ao longínquo ano de 1878, quando o atendente de banco George Eastman começou a trabalhar na invenção de placas metálicas secas com emulsões de sais de prata sensíveis à luz para gerar imagens. Esse é um dos processos básicos da fotografia moderna, e as placas viraram o primeiro produto da empresa. A fornecedora Eastman Dry Plate Company nasceu 2 anos depois, em Rochester, nos Estados Unidos, numa parceria com o empresário Henry Strong.

O jovem empreendedor, então, começou a sonhar mais alto e comprou a patente de uma tecnologia promissora. Era simplesmente a ideia do filme fotográfico. Até aquela época, o mercado da fotografia era jurássico e pouco relevante. Para manusear as câmeras da época, por exemplo, era preciso treinamento. E elas não eram nem um pouco acessíveis em termos de preço, muito menos portáteis. E, para piorar, os filmes eram chapas, sem a facilidade daqueles rolinhos de filme.[2]

O fundador da empresa registrou a marca Kodak em 1888, um ano antes de fundar a empresa, que no início se chamava Eastman Company. Em 1892, vendo o sucesso de sua própria marca, Eastman mudou o nome da empresa para Eastman Kodak. Curiosamente, o nome "Kodak" não significava nada. Era apenas a letra favorita de George Eastman (o "k") seguida de uma combinação quase aleatória, mas com uma boa sonoridade e fácil de lembrar. Ele acreditava que uma marca precisava ser "curta, vigorosa e incapaz de ser escrita de forma errada a ponto de destruir sua identidade". E um detalhe interessante: para Eastman uma marca não deveria significar nada.[3]

Nos primeiros anos da empresa, a sua câmera tinha um filme de 100 poses e era a primeira do tipo realmente fácil de usar. Para revelar, o cliente a enviava inteira para a companhia, que devolvia as impressões e já colocava mais filme. A companhia tinha o seguinte slogan: "Você aperta o botão, a gente faz o resto". O primeiro logotipo em nada lembrava aquela identidade visual amarela e vermelha, que somente apareceu mais tarde. Ao longo dos anos seguintes, a Kodak investiu bastante na contratação de pesquisadores e cientistas para ajudar a criar novos formatos de filme. E ela também não parou de expandir para outros países. Em 1907, já eram 5 mil funcionários espalhados pelo mundo.[2]

A primeira metade do século XX foi de muito lucro para a Kodak, que rapidamente se transformou numa das maiores empresas do período. Ela ganhou milhões de dólares e não deixou de investir pesado em pesquisa e desenvolvimento. Em 1935, a empresa fez uma de suas maiores invenções: o Kodachrome, o primeiro filme a cores da companhia produzido em massa. O Kodachrome foi produzido em todas as versões possíveis:

8, 16, 35, 120, 116 e 828 milímetros, e foi vendido até 2009, quando a empresa abandonou a produção por conta da popularização da câmera digital.

A Segunda Guerra Mundial ajudou a Kodak a se tornar ainda mais inovadora, pois a empresa desenvolveu um filme capaz de detectar quanto de radiação os cientistas do Projeto Manhattan (projeto que desenvolveu a bomba atômica) estavam recebendo. Na prática, isso ajudou no desenvolvimento de diversas tecnologias de análises clínicas, inclusive os raios X. Naquela época, a Kodak era a 62ª companhia em termos de contratos com o governo norte-americano, chegando a produzir granadas para ajudar no esforço de guerra. A relação foi levada para a década de 1960, quando a Kodak forneceu os filmes e câmeras que produziram as primeiras imagens da Terra em satélites americanos e de homens na lua.[3]

Contudo é a partir da década de 1970 que a história da Kodak nos oferece uma análise em relação à gestão de riscos e às práticas de ESG. Podemos ver que uma das características da empresa foram as inovações e produtos de sucesso, com o desenvolvimento de milhares de produtos para as mais diversas áreas da fotografia. E, na década de 1970, a empresa atingiu seu ápice, atendendo a 90% do mercado de filmes e 85% de câmeras fotográficas nos Estados Unidos, além de uma forte presença em todo o mundo. Nesse período, chegou a ter mais de 100.000 empregados e era considerada a maior empresa do segmento de fotografia do mundo. Em 1975, Steven Sasson, um engenheiro da Kodak, criou o que seria a primeira câmera digital, que tirava fotos de até 0,1 megapixel (MP). Todavia, o que seria uma grande invenção da empresa, foi visto também como uma grande ameaça à sua maior fonte de renda: o filme fotográfico.[4]

Assim, a Kodak não quis levar as câmeras digitais para o mercado na hora em que foram inventadas. A companhia tinha medo que isso acabasse prejudicando as vendas de seus filmes e câmeras tradicionais. Embora fosse uma ideia inovadora e tivesse uma longa lista de patentes, a empresa nunca quis que isso fosse para o mercado propriamente dito e, por conta disto, posteriormente foi ultrapassada pelas gigantes japonesas Canon, Sony e Fuji.[3]

Em que momento podemos considerar que houve uma gestão de riscos inadequada?

O grande temor da Kodak era lançar um produto que viesse a "matar" o carro-chefe da companhia, ou seja, o seu tradicional filme fotográfico. Ao criar a câmera digital, era evidente que a empresa sabia que essa inovação ameaçava sua principal fonte de receita, mas paradoxalmente, também sabia que era um caminho sem volta e uma oportunidade de explorar esse novo produto. Porém a péssima qualidade da foto e o alto custo para se fabricar uma câmera digital fizeram com que a Kodak continuasse focada no mercado tradicional de fotos. A empresa acreditava que a tecnologia de fotos digitais demoraria décadas para se tornar acessível e com qualidade aceitável pelo mercado.[4]

Talvez esse tenha sido um risco não dimensionado adequadamente pela empresa: não entender corretamente a velocidade do avanço da tecnologia e sua possibilidade de crescimento exponencial. Pode-se dizer que, mesmo sendo uma organização inovadora, a Kodak ainda agia como uma empresa industrial do século XX, com pensamentos e comportamentos coerentes com esse século, em que as mudanças de mercado eram lentas e dominadas por grandes corporações mundiais. A Kodak e seus líderes foram **incapazes de perceber que a foto digital não seria apenas mais um produto, e sim uma mudança profunda no mercado de fotografia que estava sendo digitalizado pela tecnologia** e que o mercado tradicional seria praticamente destruído pelo modelo digital.[4]

Essa frase anterior, destacada em negrito, resume bem onde a gestão de riscos foi falha. A Kodak já conhecia a fotografia digital, afinal, ajudou a criá-la, ou seja, conhecia o futuro, mas incrivelmente não foi nessa direção. Ela possuía uma inovação técnica, sabia o caminho dessa inovação, porém faltou a percepção (ou quem sabe, "antecipar cenários", como fez a "formiga-rainha" na fábula descrita no primeiro capítulo) por parte de seus gestores, para mobilizar os seus recursos (humanos, físicos, financeiros etc.) em direção ao futuro. A empresa optou por lucros maiores no curto prazo, usando as tecnologias tradicionais por não conseguir enxergar os possíveis riscos do mercado. De certa forma, poderíamos dizer que ela agiu de forma bem parecida com a cigarra da fábula relatada anteriormente.

Já em 1942, o visionário economista Joseph Schumpeter dizia que "na realidade capitalista não é a concorrência por análise de preços que conta, mas a concorrência da nova mercadoria, da nova tecnologia, da nova forma de suprimento, do novo tipo de organização".[5]

Nesse contexto, podemos dizer que a Kodak e seus líderes não perceberam o risco envolvido e a movimentação da concorrência. Primeiro, foram as câmeras digitais japonesas; depois, os *smartphones* destruíram o mercado para filmes químicos no qual a Kodak era líder. O ocorrido com a empresa é um exemplo de **destruição criativa** do mercado que Schumpeter tão bem nos ensinou. Novas tecnologias destroem as antigas, levando países ao progresso. Ao mesmo tempo, deixam um rastro de destruição![6]

Ao escrever este tópico, me lembrei de algumas frases de Peter Drucker (1909-2005), conhecido como o "pai da administração moderna", e que se aplica bem ao *case* que estamos abordando:[7]

"Mais arriscado que mudar é continuar fazendo a mesma coisa."

"O problema em nossas vidas não é a ausência de saber o que fazer, mas a ausência de fazê-lo."

"Planejamento de longo prazo não lida com decisões futuras, mas com um futuro de decisões presentes."

"A única fonte de lucro é o cliente."

Dessa forma, com o receio de que a nova tecnologia destruísse seu principal e tradicional produto, a empresa optou por "guardar a novidade", contando que ainda demoraria tempos para que ela vingasse. Mas não foi o que aconteceu. Em outras palavras, sabe aquela frase: "Se você não inovar, o seu concorrente vai"? Pois foi basicamente isso que aconteceu com a Kodak.

Vemos que outras empresas vão na contramão do *case* que estamos estudando. A Apple, por exemplo, não se importa em todo ano lançar um novo iPhone, "matando" a versão anterior. Na verdade, isso já faz parte da estratégia da companhia e vem ao encontro do "se eu não inovar todo ano, o meu concorrente certamente vai".

Para se ter uma ideia, as vendas do iPhone mundialmente já ultrapassaram 160 milhões de unidades, o que já fez dele o produto tecnológico portátil mais vendido da história, superando ícones como o iPod (da própria marca), o Walkman da Sony e o Game Boy da Nintendo.[8] Em 2022, a Apple conseguiu colocar oito dos seus iPhones no top 10 de *smartphones* mais vendidos a nível mundial, sendo o iPhone 13 o modelo mais vendido, com 5% da quota de mercado.[9]

Depois de toda essa análise do que ocorreu com a Kodak, devemos nos perguntar:

Como podemos analisar esse *case* sob a ótica do ESG?

Quando analisamos o *case* estudado, vemos que não foram os fatores ambientais e sociais os mais determinantes para a queda da Kodak, embora eles também tenham sido afetados. Podemos considerar que a dimensão "governança" foi a que mais se sobressaiu quando pensamos em ESG. Porém, como é a primeira vez que falamos sobre esse termo, é conveniente que façamos uma breve explanação sobre o que é governança.

A governança corporativa descreve principalmente os sistemas que uma empresa usa para equilibrar as demandas concorrentes de suas diversas **partes interessadas**, incluindo acionistas, funcionários, clientes, fornecedores, financiadores e a comunidade. Por meio desse processo, fornece a estrutura para cumprir os objetivos de uma empresa, abrangendo todos os aspectos do comportamento organizacional, incluindo planejamento, **gerenciamento de riscos**, medição de desempenho e divulgação corporativa. No total, garante uma supervisão adequada destinada a garantir a **criação de valor** sustentável e de longo prazo, com a devida consideração por todas as partes interessadas.[10]

Novamente, destaquei em negrito as três lições que aprendemos na nossa fábula do primeiro capítulo e que estão intimamente relacionadas com a "governança". Vamos analisar um pouco mais sobre o que aconteceu com a Kodak e sua relação com a **"governança"**, um dos pilares do ESG.

Na época da fotografia de filme, o custo por foto era em torno de um dólar, hoje o custo de uma foto digital é próximo de zero. Atualmente, o mercado mundial é dominado por empresas, como Instagram e Facebook, que armazenam e compartilham as fotos, e as pessoas praticamente deixaram de revelar fotos em papel. O modelo de negócio se transformou, é o que chamamos de "disrupção tecnológica", em que o novo chega e torna o tradicional obsoleto. Quando a Kodak percebeu esse movimento, já não havia mais o que fazer. O gigantismo da companhia no passado era uma garantia de estabilidade e supremacia no mercado, mas acabou se tornando seu maior pesadelo. A empresa era lenta, burocrática e confusa em suas estratégias de retomar seu mercado. Não conseguiu ser ágil o suficiente e se adequar às mudanças do mercado que ela mesma criou.[4]

Nenhuma empresa está imune ao "efeito Kodak", pois a digitalização da economia é um caminho sem volta e vai acabar afetando a todos — cada vez mais rápido e de forma mais intensa. É interessante observar que, quando uma revolução está em andamento, existe pouca percepção pela maioria das pessoas ou empresas, já que os efeitos ainda são pequenos, mas quando o novo modelo se estabelece, a mudança é rápida e atinge a todos. E então pode ser tarde demais. É a chamada "Uberização" dos negócios[4].

De acordo com um ex-diretor da companhia, que trabalhou na Kodak no auge de seus negócios, a companhia tinha um discurso de ser imbatível e nunca se preparou para enfrentar qualquer dificuldade.[11]

E como as dimensões "ambiental" e "social" estão relacionadas com o *case* da Kodak?

A tendência à digitalização é, provavelmente, o aspecto que mais se sobressai quando pensamos na dimensão **"ambiental"**. Se um dos primeiros setores que seguiu essa tendência foi o da fotografia, posteriormente, viu-se sua grande aplicabilidade no ambiente empresarial e nos órgãos públicos. Um grande impulso ocorreu durante a pandemia da COVID-19, em 2020.

A digitalização de documentos é uma prática que tem conquistado cada vez mais espaço no mercado empresarial, devido a diversas vantagens e benefícios que oferece. Em muitos casos, a digitalização já deixou de ser uma opção e passou a ser uma necessidade para a sobrevivência de determinadas empresas no cenário atual. Em muitas organizações, a digitalização é realizada para melhorar os processos internos, e não com o fim de simplesmente digitalizar um documento, necessariamente. Nesses casos, o foco deixa de ser o documento em si e passa a ser as atividades e funções que são fundamentais para o bom funcionamento daquela organização. As vantagens que essa prática promove são muitas e contribuem, significativamente, para o sucesso e crescimento de uma organização.[12]

Lembram-se que a maioria dos processos nas empresas e nos órgãos públicos demandavam a utilização de muita papelada e que, muitas delas, ainda precisavam ficar guardadas durante determinado tempo, principalmente aquelas de origem fiscal? Fichas de estoque, de clientes, de fornecedores, livros fiscais, tudo era com base em muito papel e, quando necessário, eram feitas assinaturas após a aposição do bom e velho carimbo. Muitos desses processos foram substituídos, não totalmente, mas ao menos em parte.

Assim, era complicado lidar todos os dias com o volume de documentos produzido pela empresa e, mais ainda, organizar aquela quantidade de papéis. Todavia, o avanço da tecnologia permitiu a digitalização de documentos, uma solução capaz de dar fim à necessidade de documentos físicos, fazendo com que os fluxos de trabalho se tornassem mais eficientes e seguros. Muitas ações empresariais ocorrem em diversos lugares, o que pode comprometer a segurança dos documentos. Contratos são assinados no balcão de vendas, validados em mesas de operação e, algumas vezes, executados em tribunais. São nessas situações que o fato de contar com a digitalização de documentos — e a possibilidade de acesso a eles pelo computador — ajuda muito na agilidade dos processos, pois não se tem a necessidade de esperar por malotes, enviar cópia do mesmo documento para vários lugares ou, até mesmo, ter o risco de perdê-los.[13]

Além dessas vantagens, existem outras facilidades que a digitalização pode trazer para as empresas. Algumas delas podem ser listadas a seguir:[13]

1. **Economia:** Armazenar grande volume de papéis pode gerar um custo muito alto. Com a digitalização, os custos com impressão de papéis diminuem e, com uma maior economia, fica mais fácil comprar uma impressora para poder digitalizar esses documentos.
2. **Segurança:** Com o uso da digitalização, o risco dos documentos da empresa serem perdidos cai significativamente. A digitalização previne a perda em várias ocorrências, como: enchentes, incêndios ou até um acidente como rasgar um documento durante

o manuseio ou derrubar uma xícara de café naquele papel importante que estava sobre a mesa.

3. **Facilidade de acesso:** Com a digitalização, fica muito mais fácil acessar o material, já que isso pode ser feito de qualquer dispositivo que tenha acesso à internet. Você também pode compartilhar esses documentos com outras pessoas de forma rápida e segura. Mais uma vez, você ganha tempo e economiza dinheiro!
4. **Promove consumo sustentável:** Além dessas vantagens para seu negócio, a digitalização de documentos também contribui para a sustentabilidade ambiental, já que diminui o uso de papéis em seu escritório.

Embora no caso específico da Kodak, a dimensão "ambiental" não tenha sido a determinante para a sua queda, vemos que a transição do físico para o digital foi uma tendência que se confirmou não apenas no ramo da fotografia, mas em vários outros setores da economia. E isso teve grande impacto na questão de sustentabilidade ambiental, com a geração de menos lixo, por exemplo.

Em relação à dimensão **"social"** no *case* Kodak, talvez a maior "ferida" tenha sido a demissão de milhares de empregados. No final da década de 1970, a Kodak tinha 90% das vendas de filmes e 85% das vendas de câmeras nos Estados Unidos, o principal mercado do mundo e uma forte presença em vários países, inclusive no Brasil. Nessa época, a empresa possuía 100.000 empregados e um lucro de bilhões. Atualmente, são apenas 6.000 colaboradores, que restaram após sua última crise, na qual a empresa teve que vender ativos e patentes construídos em décadas de sucesso e inovação.[3]

Embora a derrocada tenha características diferentes da Kodak, outra empresa que perdeu mercado assustadoramente, em relativo pouco tempo, foi a Nokia. Em menos de 10 anos, a famosa companhia finlandesa foi da ascensão à queda — do domínio do mercado de telefonia móvel à venda para a Microsoft, em 2013.

A compra da divisão de celulares da Nokia pela Microsoft aconteceu em 2013, depois de anos de sua decadência. Em 2007, ano em que o iPhone chegou ao mercado, a Nokia tinha metade do mercado mundial de *smartphones*. Quando foi vendida, tinha apenas 3%.[14]

Mas por que a Nokia chegou nessa situação e perdeu o seu mercado?

Quando se ligava um dos lendários aparelhos da Nokia, a primeira imagem era sempre a mesma: o aperto de mãos, o famoso logo de assinatura da empresa. E essa foi a característica mais marcante da Nokia durante mais de uma geração: "dar as mãos" e levar as pessoas, pouco a pouco, pela revolução da telefonia móvel. Ela não foi a primeira empresa a lançar um telefone celular disponível comercialmente, mas foi a primeira a fazê-lo muito bem e com verdadeiro apelo de massa. "Nos anos 1990, não havia muitas marcas grandes de telefonia celular", diz Ben Wood, pesquisador da CCS Insight, empresa que fornece análises de mercado. "A Nokia era dominante. As pessoas não falavam sobre marca, era uma questão de número. Elas se referiam ao celular que tinham pelo número de série [da Nokia], como 3210", acrescenta Wood.[15]

Tudo ia de "vento em popa" para a Nokia, até que uma apresentação mudou tudo. Para Wood, "a complacência tomou conta da empresa. Eles achavam que nada poderia dar errado. Mas de repente, em janeiro de 2007, Steve Jobs subiu no palco, tirou o iPhone do bolso e mudou o mundo para sempre". A queda da empresa foi rápida. De acordo com os dados da Gartner, o *smartphone* da Nokia era líder em 2007, com uma fatia de 49,4% do mercado.[15]

Nos anos seguintes, esse número foi caindo, de 43,7%, para 41,1% e depois 34,2%. Muitos colocaram a culpa por esse declínio, pelo menos nos estágios iniciais, no Symbian, o sistema operacional da empresa. Segundo especialistas, ele simplesmente não cumpriu seu papel. "Eles se esqueceram da importância do *software*", diz Woods. "A Nokia fez excelentes telefones e ainda faz. Eles tiveram uma década incrível de inovação em *hardware*, mas o que a Apple percebeu foi que você só precisa de um retângulo com um visor e o resto quem faz é o *software.*"[15]

Podemos ver que, da mesma forma que ocorreu com a Kodak, havia certa prepotência na Nokia em se julgar soberana e absoluta no mercado. É como se essas duas empresas tivessem chegado ao pico mais alto de uma montanha e julgassem que nenhuma outra fosse conseguir tirá-las dali. A julgar pelos comentários de especialistas, além de um erro estratégico, havia uma clara manifestação de soberba, cujo preço foi cobrado em pouco tempo.

Reportagens da época mostram uma sucessão de erros que poderiam explicar a queda da Nokia, alguns deles relacionados ao **dimensionamento equivocado dos riscos e também à inadequada governança:**[14, 16]

1. **Os *apps* mataram o Symbian**
O Symbian, sistema operacional usado nos *smartphones* da Nokia até 2011, era leve e adequado a aparelhos limitados em memória e poder de processamento. Porém desenvolver aplicativos para Symbian era mais caro e demorado que criar *apps* para Android ou iOS. A Nokia parece não ter percebido que os aplicativos ganhariam tanta importância nos *smartphones*. Havia indícios de que isso aconteceria cedo ou tarde. Produtos concorrentes no mercado já sinalizavam que um bom ecossistema de aplicativos podia fazer a diferença entre o sucesso e o fracasso de um dispositivo móvel.

2. **Quem tem medo do iPhone?**
A Nokia parece não ter dado a devida importância ao iPhone quando a Apple o lançou, em 2007. Na época, a Nokia era líder mundial em *smartphones*, enquanto a participação da Apple no mercado era zero. O primeiro iPhone não tinha conexão 3G e sua câmera era de apenas 2 megapixels. O Nokia N95, lançado no mesmo ano, tinha 3G e câmera de 5 megapixels. Entretanto não era difícil perceber que as deficiências do *smartphone* da Apple poderiam ser corrigidas rapidamente, o que aconteceu com o lançamento do iPhone 3G, no ano seguinte.

3. **Reação lenta demais.**
Mesmo quando o sucesso do iPhone se tornou claro, a reação da Nokia foi lenta. Isso fica evidente quando se comparam os movimentos da Nokia com os da Samsung. A empresa sul-coreana lançou seu primeiro *smartphone* com Android, o i7500, em abril de 2009, menos de 2 anos depois do início das vendas do iPhone. No ano seguinte, a Samsung abandonou o sistema Symbian, que ela também usava em alguns modelos. Com o tempo, ela acabaria tirando a liderança do mercado da Nokia. A Nokia só começou

a vender seu primeiro aparelho com Windows Phone no final de 2011, mais de 2 anos depois do lançamento do Samsung i7500 e 4 anos depois da chegada do iPhone. A demora em apresentar um produto competitivo no novo cenário criado pelo iPhone resultou em uma acelerada perda de participação no mercado.

4. **Mau uso da tecnologia**

A Nokia investiu US$40 bilhões em pesquisa e desenvolvimento no início da década de 2000 e criou tecnologias inovadoras. Todavia ela pareceu ter dificuldade em transformar algumas dessas tecnologias em produtos bem-sucedidos. Um exemplo recente [2013] está na tecnologia PureView, usada primeiro no *smartphone* Nokia 808. Esse aparelho emprega um sensor fotográfico de 41 megapixels, número muito superior ao de qualquer outro *smartphone*. Os pontos de imagem são combinados por *software* para produzir uma imagem de 5 megapixels de elevada qualidade. O problema é que o Nokia 808, lançado em 2012, era gorducho por causa das lentes volumosas. Além disso, rodava o sistema Symbian, que já estava ultrapassado e havia sido abandonado pelos desenvolvedores de aplicativos. O resultado é que o modelo 808 fracassou comercialmente.

5. **Todos os ovos numa cesta duvidosa**

Quando a Nokia anunciou sua aliança com a Microsoft, no início de 2011, o Android já demonstrava grande potencial de crescimento. O sistema móvel do Google angariava a simpatia de desenvolvedores de aplicativos e vinha sendo adotado por um número crescente de fabricantes. Já o Windows Phone 7, ao contrário, era uma plataforma nova, incompatível com o sistema móvel anterior da Microsoft, o Windows Mobile. Os aplicativos para Windows Phone eram escassos. Era uma aposta mais duvidosa que o Android. Tanto a Samsung como a HTC resolveram o dilema desenvolvendo *smartphones* com os dois sistemas (a Samsung ainda criou um terceiro sistema operacional, o Bada).

Com o tempo, as duas empresas (Samsung e HTC) passaram a investir mais naquele que trouxe melhor retorno, o Android. Já a Nokia não teve opção. Pode-se especular que se ela tivesse criado uma linha de aparelhos com Android (mantendo ou não uma segunda linha com Windows) poderia estar em melhor situação agora. Um dos problemas que a Nokia enfrentou é que as exigências de *hardware* do Windows Phone eram elevadas. Isso impediu, ao menos inicialmente, o desenvolvimento de *smartphones* mais baratos com esse sistema. No entanto o Android espalhou-se rapidamente em todas as faixas de preço. Com um volume maior de vendas, ele também atraiu mais desenvolvedores.

6. **Um problema de imagem**

Apesar de a Nokia ter criado inovações importantes, muita gente ainda associa a marca àqueles aparelhos simples, que vinham com o joguinho da cobrinha e com o *ringtone* característico da empresa (um trecho da música *Gran Vals*, do compositor espanhol Francisco Tárrega). A Samsung, porém, soube construir uma imagem de empresa inovadora. Ela patrocinou as Olimpíadas de Londres e outros eventos. E, acima de tudo, criou uma linha de aparelhos avançados, os Galaxy S, que serviram de vitrine para suas tecnologias.

Atualmente, a Samsung vende uma enorme quantidade de celulares baratos, que rodam versões já antigas do Android e têm características ultrapassadas. Mas ela conseguiu associar sua marca aos aparelhos mais avançados da linha Galaxy. É um exemplo que a Nokia deveria seguir para se livrar da imagem de fabricante de celulares antiquados.

As dificuldades para dimensionar os riscos e estabelecer uma boa governança, que lhes permitissem inovar indo ao encontro das expectativas dos *stakeholders*, parece que foram erros cruciais tanto no caso da Kodak como da Nokia. Isso me fez lembrar de uma conhecida frase de C. K. Prahalad (1941-2010)[17]:

> "Inovação é adotar novas tecnologias que permitem aumentar a competitividade da companhia".

Prahalad foi professor de estratégia corporativa do programa de MBA (*Master in Business Administration*) da Universidade de Michigan e chegou a ser considerado o mais influente pensador do mundo dos negócios.

2.3 Contornar determinados riscos pode abrir as portas para novas oportunidades

As ameaças surgidas em um mercado podem ser vistas sob dois ângulos: como algo que pode destruir a nossa empresa e que temos que lutar desesperadamente ou como um algo inevitável, posto à mesa, e que temos que estudar com bastante afinco e, a partir disso, criarmos estratégias para transformá-la numa oportunidade futura. Rivais durante décadas, as trajetórias da Kodak e da Fujifilm (ou simplesmente Fuji) se misturam com a história da fotografia. No entanto, enquanto a primeira teve confiança demais no próprio negócio, a segunda se adaptou ao mercado e abraçou um novo cenário tecnológico.

Ao contrário da americana Kodak, quando a japonesa Fujifilm percebeu um desaquecimento no mercado da fotografia analógica, ela apostou na diversificação do portfólio, lançando não apenas câmeras digitais, mas também outros produtos, como telas de LCD, tornando-se uma grande fornecedora para fabricantes de TVs, computadores e outros produtos eletrônicos.[18]

Além disso, baseando-se na *expertise* dos diversos produtos químicos da revelação fotográfica, a Fuji passou a lançar produtos baseados nesses compostos, como cosméticos, por exemplo. A companhia também promoveu um grande corte de custos e demitiu funcionários no ano 2000, com o objetivo de economizar e se adequar à nova realidade do mercado. Ao mesmo tempo, promoveu aquisições de empresas, como foi o caso da Xerox, em 2018. Já na fotografia, ela foi pioneira no lançamento da primeira câmera descartável, em 1986; a primeira câmera digital com cartão removível, em 1988; além da primeira câmera 3D digital compacta, em 2009.[18]

No ano fiscal de 2020, o Grupo Fujifilm fechou com um faturamento global de US$20,1 bilhões, com lucro líquido de US$1,67 bilhão. Segundo o balanço anual, a receita da empresa refletiu o aumento de vendas nos negócios farmacêuticos, de materiais eletrônicos, enquanto as vendas diminuíam nos negócios de imagens fotográficas, dispositivos ópticos e de imagens eletrônicas. Em 2022, a Fuji foi avaliada em mais de US$31,47 bilhões.[18]

Uma reportagem da Exame, em 2012, nos mostra quais as principais razões que garantiram o sucesso da Fuji, mesmo com toda a mudança tecnológica do ramo de fotografias:[19]

1. **Não esperou o barco afundar**
   Diferente da Kodak, a Fujifilm começou a deixar o mercado de fotografia de lado muito antes dele se tornar obsoleto. Mesmo com a chegada da fotografia digital, a empresa decidiu não apostar todas as suas fichas em um único negócio e começou, então, a diversificar sua receita. Em 2012, apenas 1% do faturamento da Fujifilm vinha do segmento de fotografia.

2. **Diversificou seus negócios**
   Dentre as apostas da companhia, estão os segmentos de telas de LCD para televisores, computadores e outros aparelhos eletrônicos, de equipamentos médicos, medicamentos e até cosméticos.

3. **Aproveitou o conhecimento que já possuía**
   Para desenvolver filmes fotográficos, a Fujifilm precisava lidar com uma diversidade de produtos químicos. Com bastante conhecimento nessa área, a companhia decidiu se aproveitar dessa experiência, passando a desenvolver outros produtos que levassem os mesmos componentes químicos que ela já sabia manusear. Em 2012, por exemplo, a companhia lançou um produto de beleza que usava o mesmo componente dos filmes fotográficos.

4. **Cortou custos**
   Para chegar a uma posição saudável financeiramente, a Fujifilm precisou de muito planejamento e cortes de custo. No ano 2000, a companhia anunciou uma redução de gastos de mais de US$2,5 bilhões. A decisão visava reestruturar os negócios da empresa.

Na mesma época, a Fuji reduziu o número de funcionários para voltar à rentabilidade.

5. **Soube investir**

   Como decidiu apostar em novos negócios, a Fujifilm não dependeu apenas do crescimento orgânico para avançar no mercado. De 2000 a 2012, a companhia investiu mais de US$8 bilhões em aquisições. Uma delas, foi no final de 2011, quando a empresa japonesa comprou, por US$1 bilhão, a SonoSite, fabricante americana de equipamentos médicos.

Podemos ver que as estratégias da Fuji foram bem diferentes de sua concorrente Kodak, mesmo disputando o mesmo mercado. **Uma soube dimensionar melhor os riscos do negócio em relação à outra, além de ter uma governança mais assertiva.** Porém, apesar de todos os percalços que passou e de seu gigantesco encolhimento, a Kodak sobreviveu e, após juntar os cacos, ainda busca se reerguer.

Em 2011, se o pedido de falência da Eastman Kodak, uma das maiores empresas de fotografia da história, responsável por revolucionar a fotografia por 131 anos, surpreendeu o mundo; em 2013, a empresa retornou após vender quase todo o seu portfólio de patentes, apostando principalmente no segmento de embalagens, serviços de impressão e tecnologias para telas de toque. Suas ações atingiram a máxima histórica de US$37,20 em 9 de janeiro de 2014, atuando em baixas constantes e chegando a mínima de US$1,55 em 23 de março de 2020.[4]

Surpreendendo novamente, na primeira semana de agosto de 2020 (já durante a pandemia da Covid-19), a Kodak alcançou um valor de ação de US$33,20 em 29 de julho, ultrapassando por alguns minutos a marca de US$60 no mesmo dia, após anunciar o lançamento de uma nova área focada na produção de ingredientes para medicamentos. O aumento representou um salto de 1.167%. Um dia antes do marco histórico, o governo do então presidente dos EUA, Donald Trump, anunciou um empréstimo para a gigante da fotografia de US$765 milhões, visando à produção de farmacêuticos, representando um aumento de 445%, para logo em seguida tomar proporções astronômicas com o anúncio da empresa.[4]

Aproveitando sua familiaridade com a operação de produtos químicos, a empresa tem buscado um novo foco que, por hora, garante uma valorização surpreendente — e possivelmente exagerada, devido ao efeito manada no mercado de ações da Bolsa de Nova York — atraindo os olhos da mídia e possíveis novos investidores. Seria esse o retorno da Kodak, revolucionando um novo mercado? Será que a empresa aprendeu a acompanhar as tendências e avanços tecnológicos? Sua valorização se deve ao fato de que a empresa está dando um exemplo de **inovação por meio de seus recursos**, ou uma reação nostálgica devido à sua história?[4]

Então, vemos que parece que a Kodak aprendeu com os erros do passado e tem ensaiado uma volta por cima. Ao pesquisar sobre esse reerguimento da empresa, destaquei anteriormente em negrito a frase "inovação por meio de seus recursos", pois me fez recordar outra importante frase de Peter Drucker (1909-2005) e que tem associação com o assunto que estamos abordando:[20]

> "Inovação é o ato de atribuir novas capacidades aos recursos (pessoas e processos) existentes na empresa para gerar riqueza."

Após entendermos como a correta gestão de riscos nos ajuda a antecipar cenários e a prever as possíveis mudanças no mercado, aliada às três dimensões do ESG (ambiental, social e governança), agora é importante que nós aprendamos como essa mesma "gestão de riscos" impacta a vida do profissional de ESG.

2.4 Como a "gestão de risco" impacta o trabalho do Gestor de ESG?

Provavelmente você conhece bem o significado da palavra "risco". Vendo a definição dessa palavra no dicionário Michaelis, vemos que risco é a "possibilidade de perigo, que ameaça as pessoas ou o meio ambiente. Pode ser, também, a probabilidade de prejuízo ou de insucesso em determinado empreendimento, projeto etc. em razão de acontecimento incerto, que independe da vontade dos envolvidos".[21] Assim observamos que a definição de risco se aplica muito bem no mercado em que atuam as empresas, como vimos nos exemplos envolvendo a Kodak, a Fuji e a Nokia.

Já a **gestão de risco**, ou **gerenciamento de risco**, é o conjunto de atividades coordenadas que tem o objetivo de gerenciar e controlar uma organização em relação a **potenciais ameaças**, seja qual for a sua manifestação. Isso implica no planejamento e uso dos recursos humanos e materiais para minimizar os riscos ou, então, tratá-los. É uma estratégia que envolve um trabalho **preventivo** de se **antecipar** a possíveis situações e a considerar a prática como parte dos processos da empresa.[22]

Mas inclui, também, atuar de maneira prescritiva, isto é, quando o risco se manifesta sem ter sido previsto. Nesse caso, a gestão de risco busca estimular na empresa um comportamento dinâmico, para que ela responda com rapidez aos eventos, incertezas e mudanças de cenário. Para que isso tudo seja possível, é fundamental um bom **sistema de monitoramento** de todos os números e acontecimentos relevantes que envolvam a organização. O objetivo final é sempre a melhoria constante nos processos da empresa.[22]

Assim, enquanto que o "risco" corresponde ao perigo ou ameaça real, a "gestão do risco" diz respeito ao gerenciamento e controle dessas ameaças, bem como no trabalho de prevenção e monitoramento, a fim de estar preparado para o caso de elas surgirem. E muito disso tem a ver com o que aprendemos nas ações tomadas pela "formiga-rainha", em nossa fábula do primeiro capítulo.

Em outras palavras, se o "risco" representa um perigo ou uma ameaça, ele poderia ser descrito como se fosse uma grande fenda aberta no chão e que, se não for observada pelas pessoas, pode levá-las a cair num grande precipício. E qual seria, então, a missão do Gestor de ESG? Justamente **criar condições para se atravessar essa "fenda" aberta no chão com segurança e poder passar para o outro lado do terreno**, como ilustra a figura a seguir.

Figura 4. Ilustrada por: Robson Ribeiro Alves (2023).

Nos momentos de grande turbulência no mercado, o profissional de ESG deve mapear e gerenciar os riscos, estar atento para as demandas dos *stakeholders* e lhes oferecer valor. Se isso tem a ver com mudanças de tecnologia na área de atuação de sua empresa, mais ainda a sua atenção deve estar focada nesses aspectos. Neste ponto do livro, acredito que os leitores devem estar se fazendo uma pergunta bem interessante:

Se gerenciar riscos, estar atento para o capitalismo *stakeholder* e oferecer valor são, assim, tão importantes, por que falamos de ESG neste livro?

E aí, de bate pronto, a resposta deve ser:

Porque a sustentabilidade **ambiental**, a atenção para as questões **sociais** e o cuidado com a **governança** são temas cruciais na vida das organizações e, mais do que isso, são **pontos críticos** em relação à gestão de riscos, demandas de *stakeholders* e oferta de valor.

Provavelmente, no risco e na oferta de valor, uma dessas dimensões ESG estarão presentes e, por isso, deve ser objeto de contínua atenção e monitoramento por parte da empresa. Nos próximos capítulos, vamos ver exemplos que mostram essa estreita relação entre a gestão de riscos, capitalismo *stakeholder* e oferta de valor com os três pilares do ESG.

Referências do capítulo

1 SCHWAB, Klaus; VANHAM, Peter. **Capitalismo *stakeholder*:** Uma economia global que trabalha para o progresso, as pessoas e o planeta. Rio de Janeiro: Alta Cult Editora, 2023.

2 KLEINA, Nilton. **A história da Kodak, a pioneira da fotografia que parou no tempo.** 2017. Disponível em: https://www.tecmundo.com.br/mercado/122279-historia-kodak-pioneira-da-fotografia-nao-evoluiu-video.htm. Acesso em: 7 abr. 2023.

3 STARTSE. **A história da Kodak:** Como ela foi de uma das empresas mais inovadoras à falência? [s.d]. Disponível em: https://www.startse.com/artigos/kodak-de-uma-das-empresas-mais-inovadoras-a-falencia/. Acesso em: 7 abr. 2023.

4 CALURA, Sérgio. **Qual foi o real motivo da falência da Kodak? E como ela fez para retornar em 2020?** 2020. Disponível em: https://blog.aaainovacao.com.br/kodak-motivo-da-falencia/#:~:text=A%20partir%20dos%20anos%2090,as%20fotos%20e%20m%C3%A1quinas%20digitais. Acesso em: 7 abr. 2023.

5 McCRAW, Thomas K. **O profeta da inovação.** Rio de Janeiro: Record, 2012.

6 PAURO, José Gustavo. **Ascensão e queda da Kodak no mundo da destruição criativa.** 2021. Disponível em: https://www.paulogala.com.br/ascensao-e-queda-da-kodak-no-mundo/. Acesso em: 7 abr. 2023.

7 PENSADOR. **Peter Drucker.** Disponível em: https://www.pensador.com/autor/peter_drucker/. Acesso em: 16 mai 2023.

8 WIKIPEDIA. **iPhone.** [s.d]. Disponível em: https://pt. wikipedia.org/wiki/IPhone. Acesso em: 7 abr. 2023.

9 JESUS, Daniel. **Apple dominou vendas de smartphones em 2022 com mais equipamentos no top 10.** 2023. Disponível em: https://techbit. pt/apple-dominou-vendas-smartphones-top-10/. Acesso em: 7 abr. 2023.

10 BRADLEY, B. **ESG Investing for dummies.** New Jersey, USA: John Wiley & Sons, Inc., 2021.

11 BARBOSA, Daniela. **Por que a Kodak queimou o filme no mercado?** 2012. Disponível em: https://exame.com/negocios/por-que-a-kodak-queimou-o-filme-no-mercado/. Acesso em: 07 abr. 2023.

12 ACERVONET. **Digitalização é tendência para o futuro da gestão de documentos.** [s.d]. Disponível em: https://acervonet.com. br/blog/digitalizacao-e-tendencia-para-o-futuro-da-gestao-de-documentos/. Acesso em: 07 abr. 2023.

13 ACERVONET. **Quatro vantagens de digitalizar documentos de sua empresa.** [s.d]. Disponível em: https://acervonet.com. br/blog/4-vantagens-dedigitalizá-l--documentos-de-sua-empresa/. Acesso em: 7 abr. 2023.

14 GREGO, Maurício. **Seis erros que levaram a Nokia da glória à decadência.** 2013. Disponível em: https://exame.com/tecnologia/6-erros-que-levaram-a-nokia-da-gloria-a-decadencia/. Acesso em: 8 abr. 2023.

15 LEE, Dave. **Nokia:** a ascensão e queda de uma gigante de celulares. 2013. Disponível em: https://www.bbc.com/portuguese/noticias/2013/09/130904_ascencao_queda_nokia_an. Acesso em: 08 abr. 2023.

16 INDÚSTRIA HOJE. **Seis erros que levaram a Nokia da glória à decadência.** 2013. Disponível em: https://industriahoje.com. br/6-erros-levaram-nokia-gloria-decadencia. Acesso em: 08 abr. 2023.

17 ADMINISTRADORES. **Inovação e suas várias definições.** Disponível em: https://administradores.com.br/artigos/inovacao-e-suas-varias-definicoes Acesso em: 16 mai 2023.

18 BRANDÃO, Hemerson. **Como a Fuji se reinventou e a Kodak foi à falência.** 2022. Disponível em: https://gizmodo. uol.com.br/como-a-fuji-se-reinventou-e-a-kodak-foi-a-falencia/. Acesso em: 8 abr. 2023.

19 BARBOSA, Daniela **Por que a Fujifilm não teve o mesmo final que a Kodak?** 2012. Disponível em: https://exame.com/negocios/por-que-a-fujifilm-nao-teve-o-mesmo-final-que-a-kodak/. Acesso em: 8 abr. 2023.

20 CONSELHO REGIONAL DE ADMINISTRAÇÃO DO ESPÍRITO SANTO - CRAES. **Artigo ADM:** Convivendo em meio à transformação digital. Disponível em: https://www.craes.org.br/artigo-adm-convivendo-em-meio-a-transformacao-digital/ Acesso em: 16 mai 2023.

21 MICHAELIS. **Risco²**. [s.d]. Disponível em: https://michaelis. uol.com.br/palavra/V4j7A/risco-2/. Acesso em: 08 abr. 2023.

22 FIA BUSINESS SCHOOL. **O que é gestão de risco?** 2018. Disponível em: https://fia.com. br/blog/o-que-e-gestao-de-risco/. Acesso em: 8 abr. 2023.

03

CAPITALISMO *STAKEHOLDER*

3.1 É preciso estar alinhado com as expectativas das partes interessadas

Se o gerenciamento de risco dos negócios é vital nas estratégias de ESG, ele ficaria totalmente incompleto se não considerarmos o chamado "capitalismo *stakeholder*". Embora eu já tenha trazido aqui no livro a definição do termo, creio que seria de bom tom retomá-la.

O capitalismo *stakeholder* pode ser entendido como um tipo de capitalismo em que as organizações procuram **criar valor** em longo prazo, considerando as necessidades de todas as **partes interessadas** e a promoção do **bem-estar social**[1].

Assim, de nada adianta o Gestor de ESG fazer o mapeamento e gerenciamento correto dos riscos se, a partir de então, suas ações não estiverem alinhadas com as expectativas das partes interessadas (*stakeholders*), incluindo nessas expectativas a criação de valor.

Temos de lembrar que a Kodak, mesmo reconhecendo a ameaça que a câmera digital — que ela própria criou — tinha para o seu produto tradicional (o filme fotográfico), ainda assim colocou no mercado o novo produto. Ou seja, ela reconheceu a existência de um risco (criado por ela mesma), mas será que ofereceu um produto alinhado com as expectativas dos seus clientes?

O novo produto da Kodak não atendia aos anseios de seus clientes. A péssima qualidade da foto e o alto custo para se fabricar uma câmera digital fizeram com que a Kodak continuasse focada no mercado tradicional de fotos. Em parte, isso aconteceu porque a empresa acreditava que a tecnologia de fotos digitais demoraria décadas para se tornar acessível e com qualidade aceitável pelo mercado. A companhia não acreditou que, rapidamente, os clientes poderiam se interessar pela novidade e abandonar o antigo modelo de se tirar fotos.[2]

A relação da empresa com os *stakeholders* deve ser a melhor possível e pautada sempre na transparência, confiança e idoneidade. Como visto no primeiro capítulo, os *stakeholders* são todos aqueles atores que influenciam ou são influenciados por uma organização. Em geral, eles correspondem aos governos, empregados, clientes atuais e potenciais, fornecedores, credores, comunidade em geral, sindicatos, investidores, proprietários, acionistas, sócios, organizações não governamentais (ONGs), concorrentes, imprensa, bem como todos aqueles que possam se encaixar nesses requisitos.

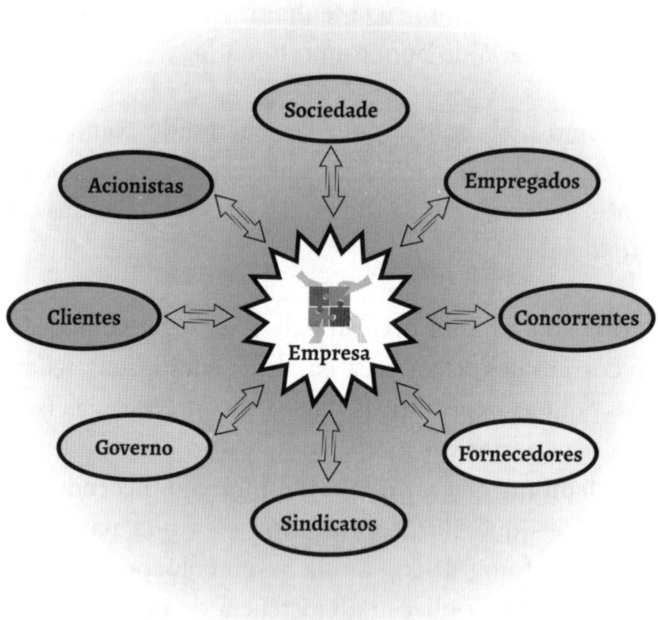

Figura 5. Ilustrada por: Robson Ribeiro Alves (2023).

Dessa forma, as empresas necessitam fortalecer suas relações não apenas com os seus clientes, fonte principal de seus lucros, mas com os demais *stakeholders*. Todos eles, a seu modo, são importantes nesta arena de negócios chamada "mercado". Até mesmo os concorrentes! À primeira vista, eles parecem ser os obstáculos naturais para o sucesso da empresa, porém, em determinadas situações, podem ser estratégicos parceiros. E assim chegamos a um termo pouco conhecido no meio empresarial, mas bastante aplicável em diversas situações: a **coopetição**.

No mundo empresarial, poderão existir quatro tipos de relacionamentos consoante a sua posição relativa dentro de uma indústria e a necessidade de recursos externos da outra empresa: coexistência, cooperação, competição e coopetição. O termo coopetição pode, assim, ser usado para descrever a relação simultânea de cooperação e competição entre pessoas ou organizações. A interação de coopetição entre duas organizações ocorre normalmente para atingir um objetivo comum, tendo em vista a complementaridade de recursos e a possível redução de custos na fase de desenvolvimento de produtos, sem desconsiderar a competição no momento de lançamento do produto desenvolvido no mercado.[3]

Dessa maneira, a coopetição representa uma "situação em que, simultaneamente, as empresas cooperam e competem, com o objetivo de criarem e capturarem valor para os seus clientes". Também significa "trabalhar em conjunto com os concorrentes de forma a beneficiar das suas capacidades e características distintas nos domínios da investigação e desenvolvimento, produção, distribuição, entre outras".[3]

Apesar de pouco conhecida e difundida no meio corporativo, a palavra coopetição é um conceito muito importante para o dia a dia empresarial. Ela consiste em uma estratégia mercadológica de competir e cooperar em prol de um mesmo objetivo. Trata-se de uma maneira de as empresas se unirem e se fortalecerem para conquistar um objetivo em conjunto, em vez de guerrearem entre si. Esse conceito parte do princípio de que os concorrentes nem sempre são inimigos, podendo muitas vezes ser aliados. Apesar de parecer improvável para muitos, trabalhar em coopetição pode ser uma atitude benéfica e que gera resultados positivos para ambas as empresas. Nesse sentido, muitas organizações devem encarar seus competidores como possíveis parceiros para expandir negócios e, consequentemente, aumentar a lucratividade.[4]

Quer um exemplo prático de como a coopetição pode ser utilizada no dia a dia? Você certamente já viu um caixa eletrônico interligado, os famosos "Banco 24 horas" em que diversas instituições financeiras compartilham seus caixas em um mesmo terminal, evitando que as pessoas se desloquem para outros locais em busca de caixas exclusivos.[4]

Essa ação aumenta o fluxo de clientes que utilizam os terminais e favorece a utilização dos serviços bancários. É importante ter em mente que, apesar do uso do conceito comumente ser aplicado principalmente de empresa para empresa, a coopetição também pode gerar muitos benefícios quando exercitada dentro da própria organização, em que funcionários colaborem entre si e estimulem a produtividade geral da empresa. Nesse caso, a coopetição trabalha com uma competição saudável, que é aliada à cooperação.[4]

Outro exemplo de coopetição que podemos pensar é no caso em que empresas de um mesmo ramo de atividade se unem para formar uma associação. Por meio dessa entidade, os dirigentes dessas empresas concorrentes irão se reunir para traçar rumos de interesse de todos os associados como, por exemplo, pressão junto aos políticos para atender alguma demanda específica deles, podendo ser pavimentação de acesso à cidade; criação de distrito industrial; concessão de benefícios ou subsídios para o setor; criação de uma feira anual para exposição de seus produtos e atração de novos investidores, entre outros.

As empresas concorrentes também poderiam se unir para formar uma associação visando à exportação. Vamos imaginar uma situação hipotética, mas perfeitamente aplicável na prática. Considere que um importador deseje comprar móveis em quantidade necessária para completar um contêiner que irá num navio. Foi feito um estudo e o contêiner em questão tem capacidade máxima de 3 mil embalagens, contendo peças e acessórios dos móveis. O importador, então, entra em contato com a maior empresa moveleira de determinada região do país, porém é informado que, por mais que ela tenha boa capacidade de produção, apenas consegue atender à metade de sua exigência no tempo estipulado.

No entanto essa empresa faz parte de uma associação de exportadores de móveis e, em uma reunião com as outras empresas (seus concorrentes diretos), apresenta a demanda do importador. Alerta que há uma oportunidade de negócio, mas que apenas se concretizará se for atingido o volume máximo do contêiner, no caso específico, 3 mil embalagens contendo as peças e os acessórios. Após checar as características do pedido do importador, outras empresas se mostram em condições de atender parte da produção e, assim, uma delas produzirá 500 móveis, outra 700 e, por fim, uma terceira conseguirá entregar 300 unidades. Assim, a associação exportadora irá informar ao importador que, no preço e prazo estabelecido, entregarão as 3 mil unidades contratadas.

Vemos nesse exemplo que nenhuma das empresas sozinha tinha condições de atender ao pedido do importador. Foi necessário unirem esforços para que atendessem ao cliente externo e obtivessem boas vendas, provavelmente em dólar ou euro. Esse é um exemplo de como a coopetição pode ser interessante e como a concorrência nem sempre é sinônimo de afastamento na relação entre as empresas.

Alguns dos principais exemplos de colaboração entre concorrentes diretos estão no setor de tecnologia, pois essas empresas já possuem um DNA de inovação e uma mente mais aberta para trabalhar com os demais *players*. A Apple e a Samsung já fazem esse tipo de colaboração para o desenvolvimento de novas tecnologias e inovação há algum tempo, mesmo mantendo uma competição feroz pela liderança do mercado de *smartphones* ao redor do mundo. Entre os resultados obtidos por esse trabalho em conjunto, podem ser destacados a tecnologia utilizada na tela do dispositivo da Apple, o iPhone. A Retina Display é um produto criado em colaboração entre os times de inovação das duas empresas.[5]

A parceria entre a Ford e a Toyota é outro bom exemplo desse conceito, sendo que as duas montadoras, concorrentes diretas em muitos segmentos, desenvolveram juntas a tecnologia para a produção de caminhões híbridos em 2013. Outra parceria famosa da Samsung aconteceu com a Sony, sendo que ambas competem na produção de televisores. As duas marcas se uniram para capitalizar a demanda pela tecnologia de LCD após os anos 2000 e conquistar maiores fatias do mercado, minimizando os custos de fabricação. Esses são apenas alguns exemplos famosos de coopetição, nos quais concorrentes diretos uniram forças em busca de benefícios mútuos, algo cada vez mais comum no meio digital em que estamos inseridos.[5]

De acordo com Instituto Brasileiro de Coaching, os principais benefícios da coopetição para as empresas são:[4]

- Criação de parcerias de grande sucesso.
- Acúmulo de novas experiências.
- Surgimento de novas ideias corporativas.

- Expansão do mercado.
- Redução de custos e despesas.
- Oportunidade de inovação.
- Compartilhamento de experiências.
- Aperfeiçoamento de produtos e serviços.
- Desenvolvimento e crescimento profissional.
- Abertura de novos horizontes.
- Descobrimento de novas soluções de negócios que uma empresa ou um profissional talvez não conseguisse fazer sozinho.
- Oportunidade de novos investimentos.

3.2 Como possíveis conflitos com os *stakeholders* afetam a Agenda ESG das empresas?

Mas e quando ocorre um distanciamento da empresa com as expectativas das partes interessadas (*stakeholders*)? Para responder, existem duas situações possíveis.

Na primeira, esse distanciamento irá "desgastar" a empresa, fará com que ela perca mercado e que naturalmente busque corrigir a sua rota, indo em direção aos anseios dos *stakeholders*. Numa segunda situação, talvez não fique clara essa perda de mercado por parte das empresas, embora sigam ocorrendo prejuízos às partes interessadas. Nesse caso, provavelmente será necessária a intervenção do Estado por meio de leis e regulamentos.

Como já falamos bastante sobre o primeiro caso no capítulo anterior (situações da Kodak e da Nokia), agora vamos nos concentrar no segundo. E, para isso, vamos ilustrar com uma situação bastante conhecida que ocorreu no Brasil na década de 1980. Vamos recordar de Cubatão, no estado de São Paulo, e que chegou a ser considerada a cidade mais poluída do mundo.

Durante o governo do presidente Juscelino Kubitschek, na década de 1950, deu-se início a um processo acelerado de industrialização do Brasil. Nessa época, Cubatão era um paraíso verde. Cercada pela Mata Atlântica, a cidade era rica em recursos naturais e estava estrategicamente localizada a apenas 40 km de São Paulo — maior berço econômico do país — e do Porto de Santos, o maior porto da América Latina, e por onde entram e saem grandes quantidades de mercadorias. Ou seja, era um local perfeito para dar início ao grandioso centro industrial paulista. Na década de 1960, Cubatão contava com 18 grandes indústrias, sendo uma refinaria, uma siderúrgica, sete de fertilizantes e nove de produtos químicos. A construção delas aconteceu de forma indevida e invasiva ao meio ambiente. Em 15 anos, cerca de 60 km² da Mata Atlântica havia sofrido a degradação, formando uma clareira que podia ser vista por quem descesse a Serra do Mar.[6]

Contudo os governantes da cidade, assim como os empresários, não se preocupavam em reverter a situação, uma vez que a poluição de Cubatão rendia bilhões ao ano, levando a cidade a ser uma das cinco maiores arrecadadoras de impostos do estado, com cerca de 76 bilhões de cruzeiros. O município representava 2% de toda a exportação do país. O intenso volume que as indústrias trabalhavam, gerando quantidades enormes de poluentes no ar e nos rios de forma descontrolada, começou a ter consequências catastróficas visíveis e preocupantes. Vale lembrar que a industrialização aconteceu antes da Lei de Controle de Poluição do Estado de São Paulo entrar em vigor em 1976.[6]

O ar de Cubatão no início dos anos 1980 era denso, possuía cheiro e cor. Segundo dados da CETESB (Companhia de Tecnologia de Saneamento Ambiental de São Paulo), 30 mil toneladas de poluentes eram lançadas por mês no ar da cidade. Peixes e pássaros sumiram da poluição de Cubatão, pois não havia condições naturais para sobreviverem e nem para se reproduzirem, mas o Estado só começou a intervir quando os danos à saúde da população começaram a demonstrar números alarmantes.[6]

Fumaça preta e amarela saía das chaminés dia e noite. Na Vila Parisi, bairro residencial de baixa renda próximo a indústrias de petróleo, fertilizantes e metais, nasciam crianças com graves malformações nos membros e no sistema nervoso. Apontada pela Organização das Nações Unidas (ONU) como a cidade "mais poluída do mundo", Cubatão ficou conhecida globalmente como "Vale da Morte".[7]

O químico Osmar Gomes, gestor de projetos do Centro de Capacitação e Pesquisa em Meio Ambiente (CEPEMA) da Universidade de São Paulo (USP), lembra-se bem de suas primeiras impressões quando chegou à cidade, em 1986. "A qualidade do ar era bem ruim. Era difícil respirar e os olhos ficavam avermelhados. A condição que se encontrava na Serra do Mar me chamou atenção. Havia muitas áreas claras, muitas plantas sem folhas em função da chuva ácida. Sentíamos cheiro de amônia e se via muita fuligem nas ruas", disse à BBC Brasil.[7]

Entre outubro de 1981 e abril de 1982, cerca 1.800 crianças nasceram na cidade sendo que, destas, 37 já nasceram mortas, enquanto que outras apresentavam graves problemas neurológicos e anencefalia. Logo, Cubatão era líder em casos de problemas respiratórios no país. A ONU alarmou o mundo sobre os problemas e consequências causados pela poluição do polo industrial, usando a cidade como exemplo a não ser seguido.[6]

Apesar dos números positivos na economia, a população começou a reclamar e perceber que a poluição era a causa de vários problemas de saúde. Os efeitos da poluição atmosférica se refletiam em consultórios médicos e unidades de saúde lotados. Os problemas respiratórios eram os mais comuns. Em 1981, um médico se atentou para o problema e resolveu examinar cerca de 500 moradores da Vila Parisi. As amostras de sangue revelaram que um terço da população estava contaminada com óxidos de nitrogênio e enxofre — gases emitidos pelas indústrias instaladas em Cubatão. Já em 1983, uma nova pesquisa identificou que 70% dos moradores de Cubatão estavam intoxicados. As internações por problemas respiratórios eram comuns na cidade, bem como doenças cardiovasculares.[8]

A Companhia de Tecnologia de Saneamento Ambiental de São Paulo (CETESB) estimou que 30 mil toneladas de poluentes fossem lançadas por mês em Cubatão. Antes uma referência da cidade, a Mata Atlântica estava sendo devastada. No intervalo de uma década e meia, aproximadamente 60 km^2 da mata tinham sido degradados, formando uma imensa clareira vista por quem descia a Serra do Mar. Apesar da elevada arrecadação que Cubatão representava para o governo, não era possível mais esconder a situação. Era necessário agir e com urgência.[8]

Com a descrição da situação envolvendo a poluição da cidade de Cubatão nos anos 1980, poderíamos fazer a seguinte pergunta:

Em quais aspectos a situação de Cubatão nos anos 1980 poderiam afetar os *stakeholders* e comprometer a Agenda ESG das empresas?

Para responder à pergunta, seria interessante fazer um levantamento de quais *stakeholders* foram **diretamente** envolvidos com a poluição advinda das fábricas da cidade. Poderíamos elencar alguns *stakeholders* e em que aspecto eles foram afetados:

- População da cidade com diversos problemas de saúde, incluindo doenças respiratórias, neurológicas, entre outras.
- Sistema de saúde da cidade, que ficou colapsado com o número de atendimentos muito acima da média normal.
- Organizações privadas e públicas, incluindo as próprias fábricas poluidoras, com atestados médicos de seus empregados, acarretando elevado índice de absenteísmo nas companhias.
- Sistema previdenciário com pedidos de afastamento temporário ou definitivo (aposentadoria), devido às doenças acometidas nos trabalhadores.
- Prefeitura da cidade com maiores gastos públicos para suportar a demanda crescente por serviços médicos e de reparação mínima dos danos ambientais causados.

É possível aumentar essa lista incluindo outros *stakeholders* envolvidos diretamente. Em relação aos impactos **indiretos** causados, podemos mencionar:

- Perda e degradação da Mata Atlântica próxima à cidade.
- Poluição dos corpos hídricos, notadamente, os rios.
- Doenças e mortes de fauna do local, em especial pássaros e peixes.
- Destruição da flora.
- Impacto negativo em áreas ou cidades próximas a Cubatão.

Podemos dizer que as empresas poluidoras de Cubatão, naquela época, praticavam algo que chamamos de **externalidade**.

O conceito de externalidade se refere aos efeitos sociais, econômicos e ambientais indiretamente causados pela venda de um produto ou serviço. Dominick Salvatore, presidente da *North American Economic and Finance Association* (Associação Norte-Americana de Economia e Finanças), diz que as externalidades se resumem à "diferença entre custos privados e custos sociais ou entre lucros privados e lucros sociais". Isso significa que as externalidades nascem na economia e podem ser negativas ou positivas para a sociedade. Uma empresa pode gerar fatores que prejudicam tanto outras empresas quanto as pessoas ao seu redor, de forma que não estão diretamente relacionadas aos bens que produz, mas sim com suas consequências.[9]

Dessa forma, as empresas **colhiam individualmente os lucros** e benefícios advindos da venda de seus produtos e **socializavam os malefícios da poluição** com a comunidade, caracterizando, assim, um tipo de externalidade negativa. E sobre as dimensões ESG, o que o *case* de Cubatão pode nos ensinar?

Diferentemente das situações da Kodak e da Nokia, que estavam mais relacionadas com a "governança", no caso de Cubatão, os problemas associados ao ESG estavam intimamente ligados a questões "ambientais" (poluição de diversos tipos) e "sociais" (principalmente problemas de saúde, absenteísmo e aposentadorias precoces).

Apesar de todos os problemas evidentes, por vezes, parece que o setor empresarial não quer enxergá-los, pois não querem sair do comodismo e deixar de ter lucros exorbitantes, mesmo que sejam à custa do sacrifício dos demais *stakeholders*. E isso pode acontecer principalmente quando as companhias **não são afetadas** diretamente em termos de perda de mercado, diferentemente do que aconteceu nos casos da Kodak e da Nokia, em que essas duas empresas tiveram que sair da inércia de alguma forma.

Nessa situação, somente resta uma alternativa: **que um ou mais *stakeholders* exerça forte pressão e obrigue, de certa forma, que as empresas revertam os problemas** para deixar um mínimo de condição digna para todos.

E isso está estreitamente ligado ao conceito de "capitalismo *stakeholder*", que vimos no início do capítulo: "organizações procuram **criar valor** em longo prazo, considerando as **necessidades de todas as partes interessadas** e a promoção do **bem-estar social**".

Portanto, poluição, problemas de saúde, absenteísmo e aposentadorias precoces vão contra a "criação de valor", "atendimento às necessidades dos *stakeholders*" e, sobretudo, a "promoção do bem-estar social". Por isso, em algum momento, os *stakeholders* se levantarão contra as empresas e exigirão mudança em sua forma de atuar. E uma das partes interessadas que tem mais força para agir são os governos, sejam os da esfera municipal, estadual ou federal. No caso particular de Cubatão, foi o que aconteceu.

3.3 Há situações em que o governo precisa distensionar os conflitos entre as partes interessadas

No caso de Cubatão, a identificação dos agentes responsáveis pela poluição trouxe ao município o triste título de cidade mais poluída do mundo. De início, seria fácil apontar as indústrias poluidoras como responsáveis e, inegavelmente, elas são as principais culpadas. Contudo não podemos excluir outros culpados nesse processo como, por exemplo, os entes envolvidos, como o Município de Cubatão, Estado de São Paulo e a União, pois todos foram beneficiados direta e indiretamente com a expansão industrial na cidade, o aumento exponencial na arrecadação de tributos e movimentação da economia, advindos da intensa produção industrial em Cubatão.[8]

Ao mesmo tempo em que engordaram os cofres públicos com o aumento de tributos, tanto o Município quanto o Estado e a União foram omissos e negligentes com a questão ambiental, fechando os olhos para a situação alarmante e os efeitos nefastos da poluição nos moradores de Cubatão e os danos ao meio ambiente. Assim, a responsabilidade também precisava ser compartilhada com esses entes, ao lado das empresas poluidoras, imputando-lhes a obrigação de restaurar o meio ambiente e a saúde dos moradores da cidade paulista. De igual modo, é preciso reconhecer, também, que a população deveria ter agido há mais tempo, cobrando do poder público e dos órgãos responsáveis uma atuação enérgica para reduzir a poluição e impedir a devastação do meio ambiente no município.[8]

O governo do Estado de São Paulo convocou a Companhia de Tecnologia de Saneamento Ambiental de São Paulo (CETESB), para que fizesse um mapeamento e estudo das causas da poluição na cidade litorânea. Com isso, a partir de 1983, foi implantado um plano de recuperação ambiental. Os governantes, os industriais e a população passaram a trabalhar em conjunto pela recuperação da saúde local. Em 1989, as 320 fontes poluentes que existiam na época já estavam controladas.[6]

O plano de controle ambiental foi feito com medições constantes das emissões de poluentes no ar e do controle da despoluição dos rios, causados pelo despejo de substâncias tóxicas indevidas em grande escala, gerenciamento feito pelo estado e investimento em maquinário moderno por conta das indústrias. Metas a serem seguidas e um planejamento rigoroso foram essenciais para que a situação fosse controlada, segundo dados do arquivo da Secretaria do Meio Ambiente do Estado de São Paulo.[6]

O governo iniciou a recuperação da Mata Atlântica e replantio de árvores, buscando restabelecer a vegetação nativa e trazer de volta espécimes que haviam desaparecido do ecossistema devastado. Baseada num modelo de cidade sustentável, a proteção ambiental foi efetivada em Cubatão, mantendo em funcionamento as indústrias, mas com base num modelo de desenvolvimento mais racional, com controle total dos poluentes. Assim, em menos de uma década, os resultados foram surpreendentes. Depois de ter sido rotulada pela ONU como a cidade mais poluída do mundo, a mesma entidade, durante a Rio 92, reconheceu Cubatão como símbolo de recuperação ambiental, com controle de 98% dos poluentes lançados em seu ambiente.[8]

A adoção de medidas simples, como instalação de filtros nas chaminés, controle diário e permanente da qualidade do ar, rigor na concessão de licenças para empreendimentos industriais e o engajamento da população foram fundamentais nesse processo, aliadas às ações de educação ambiental. O número de pessoas com problemas respiratórios e bebês com má-formação reduziram sensivelmente, retornando à média brasileira.[8]

Para o engenheiro Marcos Cipriano, gestor do programa de controle de poluição da CETESB Cubatão, a melhoria conseguida nos 10 anos iniciais do programa foi fruto de uma fórmula muito simples: até então não havia medidas, assim, passou a se fazer o que já era normalmente feito em outros países. "Não se tinha tecnologia nenhuma nas fontes industriais. Tanto que, na primeira década, o resultado foi expressivo, porque você saiu do nada para um percentual de quase 90% de redução das emissões", disse a BBC Brasil.[7]

"Antigamente você olhava as chaminés e era fumaça preta o tempo todo. Aí foram instalados filtros nas chaminés, lavadores de gases e outros. Também houve substituição de matriz energética — trocou-se o óleo com alto teor de enxofre nas indústrias pelo gás natural. Tudo isso ajudou." A cidade também passou a monitorar 24h por dia a qualidade do ar. Segundo Cipriano, Cubatão é o único município do Estado a ter três estações de monitoramento que mostram a cada hora a concentração de material particulado (partículas muito finas de sólidos ou líquidos suspensos no ar) e de outros gases causadores de efeito estufa na atmosfera, tanto na área industrial quanto na residencial.[7]

A cidade utilizou da Agenda 21 para recuperar a qualidade de vida socioambiental perdida com a poluição causada pelo polo industrial. A Agenda 21 é um método de planejamento que tem por objetivo construir sociedades sustentáveis, nela é possível mesclar a proteção ambiental, a justiça social e eficiência econômica. Por essa razão, mesmo hoje, livre da poluição, Cubatão consegue manter uma linha de produção acentuada e que gera milhões de reais todos os anos. Em 2011, Cubatão apresentou 100% de controle de poluentes. A volta do guará-vermelho, pássaro típico da região, foi o marco de que a qualidade de vida havia voltado à cidade.[6]

Nesse contexto, vemos como é importante a participação do Estado na regulação das atividades industriais potencialmente poluidoras, bem como o engajamento dos diversos *stakeholders* na solução dos problemas, não apenas das empresas que originaram a contaminação.

Outro exemplo de importante participação do Poder Público ocorreu no Rio de Janeiro. O estado foi o primeiro do Brasil a aprovar uma lei para reduzir o número de sacolas plásticas descartáveis. A boa notícia é que a lei possibilitou tirar de circulação mais de quatro bilhões de sacolinhas e estimulou o uso de sacolas retornáveis. O sucesso da lei no Rio de Janeiro levou os estados do Ceará, Amazonas e Pará a aprovarem leis parecidas.[10] Assim, a legislação regula a proibição de sacolas plásticas gratuitas e ajuda a criar hábitos sustentáveis nos consumidores.

Podemos imaginar a seguinte situação: um supermercado "A", por livre e espontânea vontade, se recusa a oferecer sacolas plásticas gratuitamente aos seus clientes. É provável que muitos de seus clientes passassem a comprar nos supermercados "B" ou "C", a fim de terem a comodidade de fazerem suas compras e receberem sacolas plásticas gratuitas. Em outras palavras, o supermercado "A", que se propõe a promover atitudes sustentáveis, é penalizado pelos próprios clientes. A tendência é que ele abandone o projeto e passe também a oferecer tais sacolas plásticas de forma gratuita.[11]

No entanto, se a legislação passasse a proibir todos os supermercados de oferecer gratuitamente as sacolas plásticas aos clientes, as pessoas não teriam para "onde correr", pois os supermercados "A", "B" ou "C", por força de lei, não dariam mais gratuitamente as sacolas plásticas e passariam a cobrar por elas. Assim, o consumidor teria que, forçosamente, mudar seus hábitos e teria basicamente três opções: levar uma sacola de pano retornável; reutilizar as sacolas plásticas que possui em casa nas próximas compras; ou, então, pagar pelas sacolas plásticas nos supermercados.[11]

Um programa interessante desenvolvido pelos governos e que impacta positivamente os demais *stakeholders* são os chamados Pagamento por Serviços Ambientais (PSA) e que tem obtido relativo sucesso, especialmente no Estado de Minas Gerais. O primeiro projeto bem-sucedido de Pagamento por Serviços Ambientais (PSA) do Brasil está localizado na cidade mineira de Extrema, onde nasceu o projeto "Conservador das Águas". Sua ideia principal é que a restauração das áreas no entorno de nascentes e mananciais contribua para a qualidade da água. O modelo usa fontes de financiamento público e investimentos de parceiros para incentivar a restauração por meio de pagamentos por serviços ambientais. Na prática, são assinados contratos com as propriedades rurais e, após a adesão, executam-se ações de restauração como o plantio de árvores nativas, implantação de bacias de contenção para a água da chuva e a construção de terraços.[12]

Desde 2005, quando o projeto foi implementado, já foram plantadas mais de 1,3 milhão de árvores nativas que produziram bilhões de litros de água com a conservação de mais de 6 mil hectares. Foram mais de 200 contratos efetivados com propriedades rurais beneficiadas pelo PSA. O sucesso levou o projeto a ser expandido para outros municípios de Minas Gerais, São Paulo e Rio de Janeiro por meio do programa Conservador da Mantiqueira. O projeto é realizado pela prefeitura de Extrema com o apoio da Agência Nacional de Águas (ANA), empresas da cidade, ONGs, entidades estaduais, universidades e centros de pesquisas, para apoiar produtores rurais na preservação de nascentes que possam ajudar a garantir a segurança hídrica da região.[12]

Outro município mineiro que tem se destacado em relação a iniciativas ambientais e implantação do PSA é Ubá, que fica na Zona da Mata. Desde 2018, a cidade desenvolve o Programa Municipal de Pagamento por Serviços Ambientais (PSA), que representa um instrumento econômico que, seguindo o princípio "provedor-recebedor", recompensa e incentiva, por meio da transferência de recursos (monetários ou não), produtores rurais que ajudam a conservar ou produzir serviços ambientais ou ecossistêmicos, melhorando a rentabilidade das atividades de proteção e uso sustentável de recursos naturais.

Desde o ano de sua criação em Ubá, o programa já conta com 97 produtores rurais contratados, inseridos na APA (Área de Proteção Ambiental) Miragaia (bacias hidrográficas à montante das duas captações de água para abastecimento da população) e em outras bacias do município, exceto as bacias do Rio Doce. Em apenas 3 anos, mais de R$148 mil foram pagos pela Prefeitura Municipal de Ubá aos produtores pelos serviços de revitalização, conservação e proteção ambiental executados em uma área de aproximadamente 280 hectares.[13]

A cidade de Ubá conta com o apoio técnico de Universidade Federal de Viçosa (UFV), distante pouco mais de 60 km. As universidades, faculdades e centros de pesquisa são importantes *stakeholders* que muito podem contribuir para governos e empresas no desenvolvimento de programas e técnicas na área ambiental, social e de governança, pilares do ESG. Muitas vezes, o que falta é interesse público para estreitar laços e construir projetos em comum.

No caso da UFV, desde 2010, a instituição realiza iniciativas de quantificação e compensação de emissão de carbono. Para isso, foi criado o Programa Carbono Zero que desenvolve ações e iniciativas para minimizar os impactos negativos de atividades humanas e diversos eventos. A fim de conciliar a preocupação ambiental da universidade, o programa surgiu a partir de uma iniciativa da Pró-Reitoria de Extensão e Cultura (PEC) em parceria com o Grupo de Estudos em Economia Ambiental e Manejo Florestal (GEEA) do Departamento de Engenharia Florestal da UFV (DEF) [14].

Inicialmente, os principais objetivos do programa foram quantificar, neutralizar e propor medidas de redução das emissões de Gases do Efeito Estufa (GEE), geradas no decorrer da organização e realização da Semana do Fazendeiro, evento de extensão universitária mais antigo do Brasil. Devido a uma crescente demanda de interessados em promover eventos neutros em carbono, ocorreu uma ampliação do programa para demais eventos da UFV. Além disso, o programa também desenvolve ações de educação ambiental direcionada a jovens e adultos participantes dos congressos. Desse modo, atua na troca de informações junto aos produtores e demais visitantes dos eventos, acerca do balanço de carbono em propriedades rurais e urbanas, bem como outros temas relacionados às mudanças climáticas. A partir dos plantios de neutralização realizados pela equipe do Programa Carbono Zero, objetiva-se também gerar informações sobre adaptabilidade de espécies florestais, visando subsidiar a composição arbórea de projetos de neutralização de carbono por meio do plantio de árvores.[14]

Logo, vemos que iniciativas do tipo possuem relevância nas três dimensões do ESG, pois:

- Atende a melhorias **ambientais**, como no caso da preservação das áreas (exemplos das cidades mineiras de Extrema e Ubá) e na compensação do carbono emitido em eventos (no exemplo do Programa Carbono Zero da UFV).
- Oferece retornos **sociais**, quando pensamos na geração de renda para os produtores rurais que conservam ou produzem serviços ambientais ou ecossistêmicos, melhorando a rentabilidade das atividades de proteção e uso sustentável de recursos naturais. E também nos benefícios que se voltam para a própria população da região.
- Mostra como a **governança** bem-sucedida gera valor para as partes interessadas, como no caso da gestão dos programas de Pagamento por Serviços Ambientais (PSA) pelas prefeituras mineiras e no caso da gestão do Programa Carbono Zero, realizado pela Universidade Federal de Viçosa (UFV).

Sendo assim, vemos que é vasto o campo de trabalho para o Gestor de ESG, seja na iniciativa privada ou na condução de atividades em órgãos públicos. Ainda assim, é interessante vermos como o "capitalismo *stakeholder*" impacta diretamente o trabalho desse profissional.

3.4 Como o "capitalismo *stakeholder*" impacta o trabalho do Gestor de ESG?

Considerando que o capitalismo *stakeholder* tem a ver com a busca das organizações em criar valor em longo prazo, atender às necessidades das partes interessadas e promover o bem-estar social, é papel do Gestor de ESG entender como funciona essa grande arena em que todos os *stakeholders* estão situados.

Essa grande arena é o que chamamos de "ambiente" e representa o contexto que envolve externamente a organização ou o sistema, ou seja, é a situação dentro da qual uma organização está inserida. Como a organização é um sistema aberto, ela mantém transações e intercâmbio com o seu ambiente. Com isso, tudo o que ocorre externamente no ambiente passa a influenciar internamente o que ocorre na organização.[15]

Todavia a organização também influencia as demais partes interessadas. É como se existisse diversas teias que unissem todos os *stakeholders*, o que os faz, de certa maneira, dependentes uns dos outros. Didaticamente, poderíamos entender que uma organização está inserida em dois grandes ambientes: o ambiente geral e o ambiente operacional (ou de tarefa). Porém, dentro dela, há um ambiente também importante: o ambiente interno.

Figura 6. Ilustrada por: Robson Ribeiro Alves (2023).

O chamado "ambiente geral" é o macroambiente, correspondendo ao ambiente genérico e comum a todas as organizações. Tudo o que acontece no ambiente geral afeta direta ou indiretamente todas as organizações de maneira genérica. O ambiente geral é constituído por um conjunto de aspectos comuns a todas as organizações:[15]

- **Aspectos tecnológicos:** o desenvolvimento tecnológico influencia as organizações, principalmente quando se trata de tecnologia inovadora, dinâmica e de futuro imprevisível. As organizações precisam adaptar-se e incorporar tecnologia do ambiente geral para não perder sua competitividade.
- **Aspectos legais:** constituem a legislação vigente e que afeta direta ou indiretamente as organizações, auxiliando-as ou impondo restrições às suas operações. São leis de caráter comercial, trabalhista, fiscal, civil etc., que constituem elementos normativos para a vida das organizações.
- **Aspectos políticos:** são as decisões e definições políticas tomadas em níveis federal, estadual e municipal, que influenciam as organizações e orientam as condições econômicas.
- **Aspectos econômicos:** constituem a conjuntura que determina o desenvolvimento econômico ou a retração econômica e condicionam fortemente as organizações. Inflação, balança de pagamentos do país, distribuição de renda interna etc., constituem aspectos econômicos que influenciam as organizações.
- **Aspectos sociais ou demográficos:** taxa de crescimento, população, raça, religião, distribuição geográfica, distribuição por sexo e idade são aspectos demográficos que determinam as características do mercado atual e futuro.

Também podemos listar[15]:

- **Aspectos ecológicos:** são as condições relacionadas ao ambiente natural que envolve a organização. O ecossistema refere-se ao sistema de intercâmbio entre os seres vivos e seu meio ambiente. Existe também a chamada ecologia social: as organizações influenciam e são influenciadas por aspectos como poluição, clima, transportes, comunicações etc.
- **Aspectos culturais:** a cultura de um povo penetra nas organizações através das expectativas de seus participantes e de seus consumidores.

Alguns desses aspectos do "ambiente geral" nós já vimos no decorrer desse livro, como a presença do aspecto tecnológico nos casos da Kodak,

Nokia e Apple; dos aspectos legais, no caso da proibição da entrega gratuita de sacolas plásticas no Rio de Janeiro e que também envolveu aspectos políticos para a promulgação da lei; e no caso de Cubatão, provavelmente a maioria dos aspectos do "ambiente geral" se encaixaria naquela situação.

Já o "ambiente de tarefa", também conhecido como "ambiente operacional" é aquele mais próximo e imediato de cada organização. Constitui o segmento do "ambiente geral" do qual a organização extrai suas entradas e entrega suas saídas. Pode-se dizer que é o ambiente de operações de cada organização e é constituído por:[15]

- **Fornecedores de entrada:** são os fornecedores dos recursos necessários a uma organização para trabalhar. É composto por recursos materiais (fornecedores de matérias-primas, que formam o mercado de fornecedores), recursos financeiros (fornecedores de capital, que formam o mercado de capitais), recursos humanos (fornecedores de talentos, que formam o mercado de candidatos) etc.
- **Clientes ou usuários:** constituem os consumidores das saídas da organização, ou seja, que compram os produtos da empresa.
- **Concorrentes:** cada organização não está sozinha nem existe no vácuo, mas disputa com outras organizações os mesmos recursos (entradas) e os tomadores de saída. Daí os concorrentes quanto a recursos e a clientes.
- **Entidades reguladoras:** cada organização está sujeita a várias outras organizações que procuram regular ou fiscalizar suas atividades. É o caso de sindicatos, associações de classe, órgãos reguladores do governo, órgãos protetores do consumidor, ONGs etc.

Da mesma forma que foi dito sobre o "ambiente geral", para o "ambiente operacional" basicamente todos os exemplos já apresentados abordaram uma ou outra situação que envolve fornecedores, clientes, concorrentes ou entidades reguladoras. Vimos também que, eventualmente, os concorrentes deixam de sê-lo temporariamente em caso de interesses comuns, que é o que chamamos de coopetição.

Muitas vezes, um problema atual com que as organizações se defrontam é a **incerteza**. A incerteza é o desafio atual da Administração.

Mas ela não está no ambiente, e sim na percepção e na interpretação das organizações. É mais adequado falar em incerteza na organização, pois o mesmo ambiente pode ser percebido de maneiras diferentes por organizações diferentes.[15] E, nesse contexto, imediatamente podemos nos lembrar dos episódios envolvendo a Kodak e a Fuji, que tiveram posicionamentos e ações diferentes em relação ao advento da máquina digital.

Após analisarmos o "ambiente geral" e "ambiente operacional", chegamos ao "ambiente interno", também chamado de "microambiente". Geralmente, ele é entendido como o ambiente sobre o qual a empresa exerce total controle, isto é, o meio em que ela consegue controlar e agir de forma voluntária, pois, afinal de contas, é nesse domínio que ela encontra suas forças e fraquezas, ou seja, os seus pontos fortes e fracos.

De maneira ampla, nesse grupo, podemos incluir maquinário, política de vendas, frota de veículos, carteiras de clientes, capacidade de investimento, sistemas de gestão, quadro de funcionários etc. também fazem parte dele os possíveis departamentos de *marketing*, de produção, de pessoal (ou de recursos humanos), financeiro, bem como de toda a estrutura disposta no organograma da empresa.

Por fim, se pudermos elencar o que o profissional de ESG deve se preocupar para conduzir bem a sua tarefa, poderíamos dizer que ele deve se atentar:

1. Ao gerenciamento do risco do negócio em que atua.
2. Ao "capitalismo *stakeholder*", com atenção especial para o ambiente geral (aspectos tecnológicos, legais, políticos, econômicos, demográficos, ecológicos e culturais), para o ambiente de tarefa (fornecedores, clientes, concorrentes e entidades reguladoras) e para o ambiente interno (aspecto organizacional, financeiro, de *marketing*, de pessoal e de produção).
3. À criação de valor para todos os *stakeholders*.
4. A trabalhar os números 1, 2 e 3 sempre pensando nas dimensões do ESG: ambiental, social e governança.

Ao terminar este capítulo, gostaria de lembrar que "gerar valor para os *stakeholders*" faz parte do Capitalismo *Stakeholder*, pois este representa "um tipo de capitalismo em que as organizações procuram **criar valor** em longo prazo". No entanto, como havia dito anteriormente, didaticamente, deixei para retratarmos a "geração de valor" em separado em um capítulo específico.

Referências do capítulo

1 AMCHAM BRASIL – CÂMARA AMERICANA DE COMÉRCIO PARA O BRASIL **Capitalismo de Stakeholders:** Conceitos, princípios e pilares. 2022. Disponível em: https://www.amcham.com.br/noticias/sustentabilidade/capitalismo-de-stakeholders-conceito-principios-e-pilares#:~:text=O%20que%20%C3%A9%20capitalismo%20de,promo%C3%A7%C3%A3o%20do%20bem%2Destar%20social. Acesso em: 4 abr. 2023.

2 CALURA, Sérgio **Qual foi o real motivo da falência da Kodak? E como ela fez para retornar em 2020?** 2020. Disponível em: https://blog.aaainovacao.com.br/kodak-motivo-da-falencia/#:~:text=A%20partir%20dos%20anos%2090,as%20fotos%20e%20m%C3%A1quinas%20digitais. Acesso em: 7 abr. 2023.

3 CZAKON, W.; FERNANDEZ, A. S.; MINÀ, A. Editorial – From paradox to practice: the rise of coopetition strategies. **International Journal of Business Environment**, Genebra, Suíça, v. 6, n. 1, p. 1-10, 2014.

4 IBC COACHING. **Entenda o conceito de coopetição e como pode colaborar para uma empresa.** [s.d.]. Disponível em: https://www.ibccoaching.com.br/portal/entenda-o-conceito-de-coopeticao-e-como-pode-colaborar-para-uma empresa/#:~:text=Derivada%20da%20uni%C3%A3o%20das%20palavras,vez%20de%20guerrearem%20entre%20si. Acesso em: 8 abr. 2023.

5 TRANSFORMAÇÃO DIGITAL. **Coopetição:** o que é e como auxilia empresas na era digital. 2019. Disponível em: https://transformacaodigital.com/mercado/coopeticao-o-que-e-e-como-auxilia-empresas-na-era-digital/. Acesso em: 8 abr. 2023.

6 PENSAMENTO VERDE. **A história da poluição em Cubatão e como a cidade deixou de ser o "Vale da Morte".** 2014. Disponível em: https://www.pensamentoverde.com.br/sustentabilidade/

historia-poluicao-cubatao-cidade-deixou-vale-morte/. Acesso em: 8 abr. 2023.

7 COSTA, Camilla. **Mais de 3 décadas após 'Vale da Morte', Cubatão volta a lutar contra alta na poluição.** 2017. Disponível em: https://www.bbc.com/portuguese/brasil-39204054. Acesso em: 8 abr. 2023.

8 ALMEIDA, Jessyka. **Cubatão:** de Vale da Morte a modelo de recuperação ambiental e desenvolvimento sustentável. Disponível em: https://jessykasalmeida.jusbrasil.com.br/artigos/698169580/cubatao-de-vale-da-morte-a-modelo-de-recuperacao-ambiental-e-desenvolvimento-sustentavel#:~:text=2.1%20DANOS%20AMBIENTAIS&text=As%20ind%C3%BAstrias%20despejavam%20poluentes%20no,por%20causa%20da%20chuva%20%C3%A1cida. Acesso em: 8 abr. 2023.

9 ECYCLE. **O que são externalidades positivas e negativas?** [s.d.]. Disponível em: https://www.ecycle.com.br/externalidades/. Acesso em: 8 abr. 2023.

10 TRIGUEIRO, André. **Lei no RJ ajudou a tirar de circulação 4 bilhões de sacolas plásticas.** 2021. Disponível em: https://g1.globo.com/rj/rio-de-janeiro/noticia/2021/11/27/lei-no-rj-ajudou-a-tirar-de-circulacao-4-bilhoes-de-sacolas-plasticas.ghtml . Acesso em: 9 abr. 2023.

11 ALVES, Ricardo Ribeiro. **ESG:** O presente e o futuro das empresas. Petrópolis: Vozes, 2023.

12 WRI BRASIL. **Como Extrema se tornou um caso de sucesso em restauração.** 2019. Disponível em: https://www.wribrasil.org.br/noticias/como-extrema-se-tornou-um-caso-de-sucesso-em-restauracao. Acesso em: 9 abr. 2023.

13 UBÁ – PREFEITURA MUNICIPAL DE UBÁ. **Conheça o Programa Municipal de Pagamento por Serviços Ambientais (PSA).** 2021. Disponível em: https://www.uba.mg.gov.br/detalhe-da-materia/info/conheca-o-programa-municipal-de-pagamento-por-servicos-ambientais-psa/174516. Acesso em: 9 abr. 2023.

14 UFV – UNIVERSIDADE FEDERAL DE VIÇOSA. **Programa carbono zero.** [s.d.]. Disponível em: https://www.carbonozero.ufv.br/?page_id=167. Acesso em: 9 abr. 2023.

15 CHIAVENATO, Idalberto. **Introdução à Teoria Geral da Administração:** Uma visão abrangente da moderna administração das organizações. 5. ed. São Paulo: Atlas, 2021.

04

GERAÇÃO DE VALOR PARA OS *STAKEHOLDERS*

4.1 Por que "gerar valor" é vital para a sobrevivência das organizações?

Já sabemos que a "geração de valor" faz parte do "capitalismo *stakeholder*", mas, afinal de contas, o que é **gerar valor**?

A "criação de valor" é um termo bastante utilizado nas estratégias de *marketing* e serve para diferenciar os produtos da empresa em um mercado competitivo. Ser uma aliada de seu público e, acima disso, poder ofertar aquilo que ele tem como necessidade e desejo e, até mesmo, superar as expectativas do mesmo, é uma grande etapa para posicionar uma marca como solução. Além disso, podemos dizer que gerar valor para seu público é a chave que faz com que a empresa passe a prospectar um maior número de clientes e, principalmente, fidelizar com maior eficácia os já existentes.

Uma ferramenta interessante para gerenciar os processos que oferecem valor aos clientes e demais *stakeholders* é a "cadeia de valor", formulada em 1985 por Michael Porter, professor e teórico de negócios da *Harvard Business School*, com interesse nas áreas de Administração e Economia, e autor de diversos livros sobre estratégias de competitividade. Por meio da cadeia de valor, é possível destacar todas as atividades que a organização faz para **gerar valor** aos clientes por meio dos elos que há entre elas. Ao fortalecer as ligações entre essas atividades, é possível criar uma vantagem competitiva para a organização, favorecendo o crescimento da empresa e, consequentemente, de seus lucros.

No entanto é preciso entender que cada empresa possui uma **proposta de valor**, ou seja, as vantagens que os produtos e serviços daquela empresa têm em relação à concorrência, os problemas que ela visa resolver para seus clientes e como ela se diferencia das demais. Esse é o **valor percebido pelo cliente**. Assim, podemos entender que a "cadeia de valor" é uma série de processos interligados (elos) que são necessários para viabilizar uma percepção positiva dos clientes a respeito dos produtos/serviços (valor) de uma organização.[1]

Um comprador perceberá valor em um produto ou serviço quando a empresa conseguir **reduzir seu custo** ou, então, quando conseguir **elevar seu desempenho**. Assim, se for um produto sustentável, o "diferencial verde" exigirá que uma empresa seja capaz de criar, de maneira particular, uma vantagem competitiva para seu comprador e que esteja relacionada com práticas ambientalmente responsáveis. Por exemplo, para um consumidor individual optar por um eletrodoméstico que apresente um consumo menor de energia pode ser preferível, mesmo que seu custo seja maior. A escolha será baseada na economia possível a médio e longo prazo, mas para o consumidor verde, também a questão ecológica será importante na sua decisão.[2]

Em muitos casos, os consumidores não conhecem bem o que é útil para eles, e isso pode significar uma oportunidade de diferenciação. Dessa forma, a empresa pode estar em condições de criar uma nova forma de diferenciação que seja percebida pelos consumidores e, ao mesmo tempo, ensiná-los a valorizá-la.[3] Os consumidores utilizam alguns instrumentos para orientá-los na aquisição de produtos, tais como embalagem, propagandas, publicidade, imagem da empresa e do produto, profissionalismo, atendimento, localização etc. Esses instrumentos ajudarão o consumidor a perceber o valor do produto e da empresa e são chamados de "sinais de valor". Alguns desses sinais são permanentemente utilizados pelas empresas, como propagandas, enquanto outros vão depender de certas ocasiões como, por exemplo, uma nova embalagem específica para as vendas de Natal. Em alguns casos, os sinais de valor serão tão importantes quanto o valor real de um produto, em termos de diferenciação.[2]

Os consumidores não pagarão por valor que não percebam, mesmo que ele seja bem real. Assim, o preço-prêmio pedido por uma empresa reflete não somente o valor real apresentado ao seu comprador, mas também até que ponto o seu comprador percebe esse valor.[3] Uma empresa que apresenta um valor modesto para seu produto, mas que consegue sinalizá-lo de forma mais efetiva, também consegue pedir um preço maior do que uma empresa que apresenta valor real mais alto, porém que o sinaliza de forma menos eficaz.[2]

A figura a seguir, adaptada do livro de Porter, mostra como se comporta o valor real versus valor percebido para um comprador.[3]

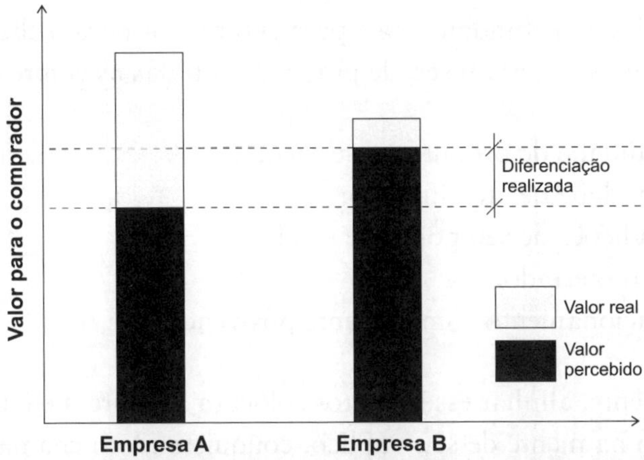

Figura 7. Ilustrada por: Robson Ribeiro Alves (2023).

Por meio da figura, podemos ver que o que realmente importa para os clientes e os demais *stakeholders* é o "valor percebido", pois é em cima dele que eles tomarão a decisão pela compra do produto da empresa ou pela contratação de determinado serviço. No exemplo da figura, a Empresa B é muito mais eficiente e eficaz na criação de valor em relação à Empresa A.

E para que serve a "cadeia de valor"? Ela serve para reestruturar processos que não estejam gerando valor para o cliente e demais *stakeholders*. Kaplan e Norton, grandes pensadores da área da administração, costumam dizer que **o que não pode ser medido não pode ser gerenciado**. Logo, se você não medir os processos da sua empresa, não conseguirá gerenciá-los, e muito menos saber quais estão **gerando valor** ao cliente e quais não estão.

Talvez não seja possível medir com números exatos a eficácia de todos os processos, mas é essencial que você identifique, com a construção da cadeia de valor, a rentabilidade dos processos e a relação deles com a geração de valor. Se você encontrar algum processo que não esteja agregando valor para o cliente, precisará reestruturá-lo, isto é, repensar a forma como as atividades são feitas para encontrar uma maneira mais adequada. Afinal de contas, **todo trabalho na empresa deve estar ligado à geração de valor.**[1]

Uma das perguntas-chave que pode ser feita em relação à geração de valor é: *O que sua empresa está fazendo que seus concorrentes não fazem?* Se existem fatores de diferenciação, você acredita que estes podem ser cruciais para a decisão de compra do consumidor? Existem alguns pontos simples, mas fundamentais para gerar valor para o cliente, em que muitas das vezes deveriam ser, de praxe, para todas as empresas, como:[4]

- Qualidade de produto ou serviço;
- Qualidade de atendimento;
- Condições de seu ponto de venda;
- Preço ofertado;
- Relacionamento com o cliente pós-venda.

Certamente, alinhar esses pontos colocará a empresa em um patamar mais elevado na mente de seu público, conquistando o chamado *share of mind* do *marketing*. Este conceito se dá pela retenção de marca que os clientes possuem em sua mente e ocupar esse espaço na mente do público é o que as grandes empresas almejam, pois quando bem posicionadas, largam com grandes vantagens competitivas.[4]

Como vimos, "gerar valor" é fundamental para a sobrevivência das organizações, mas a pergunta que fica é: por onde ela começa?

4.2 Como o processo de "geração de valor" se inicia na empresa e como ele auxilia no desempenho da Agenda ESG?

Outro modelo nos mostra como a "alta administração" deve dar o primeiro passo em direção à geração de valor na organização. Além disso, o modelo também apresenta as chamadas "atividades-meio" e "atividades-fim", que devem conduzir a empresa nesse objetivo.[5]

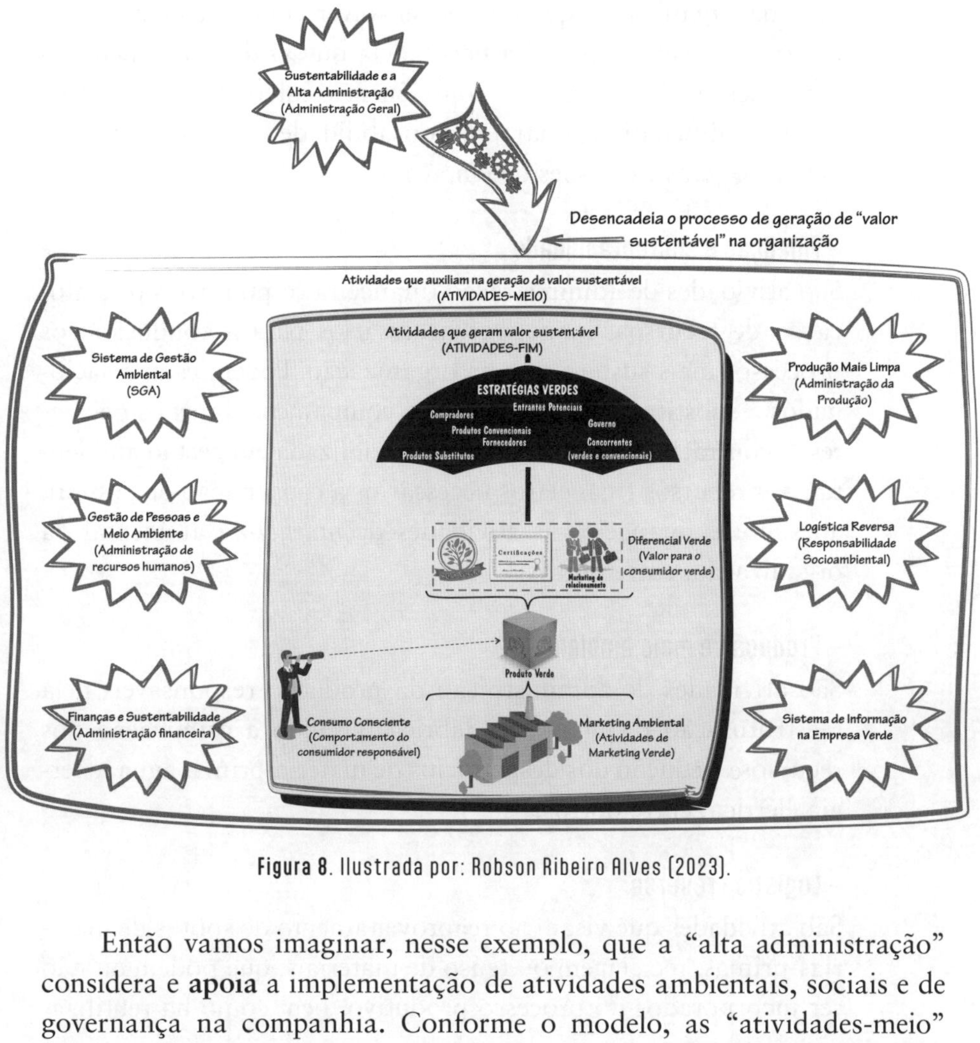

Figura 8. Ilustrada por: Robson Ribeiro Alves (2023).

Então vamos imaginar, nesse exemplo, que a "alta administração" considera e **apoia** a implementação de atividades ambientais, sociais e de governança na companhia. Conforme o modelo, as "atividades-meio" são aquelas que auxiliam na geração de valor sustentável na organização. Foram classificadas dessa forma porque elas **não estão diretamente** ligadas ao mercado consumidor, já que são atividades de suporte, embora sejam de suma importância para a organização. Algumas dessas atividades são:[5]

– Gestão de pessoas e meio ambiente

São as atividades de administração de recursos humanos responsáveis pela capacitação e motivação dos empregados e terceirizados da empresa em relação à responsabilidade socioambiental e também na geração de valor sustentável. Em tese, é a primeira área da organização que deve se envolver com a sustentabilidade socioambiental, pois é a partir dela que as demais atividades serão desenvolvidas. Sem a consciência e interesse das pessoas, fica mais difícil disseminar a responsabilidade socioambiental nos demais órgãos e divisões da empresa.

– Finanças e sustentabilidade

São atividades de administração financeira responsáveis pela alocação de recursos financeiros necessários para a condução dos processos mais sustentáveis na organização. Podem estar relacionados à substituição de máquinas e equipamentos menos eficientes, à contratação de consultoria especializada em gestão ambiental, aos recursos financeiros necessários à capacitação de pessoal, ao suporte financeiro às atividades de *marketing* ambiental da organização, entre outros.

– Produção e meio ambiente

São atividades de administração da produção responsáveis pela reestruturação da planta da fábrica, visando à otimização dos recursos e redução dos desperdícios de matéria-prima, água, energia elétrica, entre outros.

– Logística reversa

São atividades que visam ao reaproveitamento de sobras de matérias-primas, reciclagem ou reúso de materiais, que podem ou não ser incorporados no processo produtivo, bem como na reutilização de água.

– Sistemas de informação

São atividades de sistema de informação necessárias para o desenvolvimento e articulação entre as várias áreas e setores da organização. O setor de TI (tecnologia da informação), por exemplo, é responsável pelo desenvolvimento e manutenção de sistemas de informação (hoje em dia, a maior parte deles são informatizados), tais como banco de dados de clientes, fornecedores, matérias-primas, contas a pagar, contas a receber, bem como emissão de notas fiscais, livros fiscais, apuração de impostos, entre outros. Essas atividades são importantes para o controle gerencial das informações de diversos setores da empresa e, quando bem executada e articulada, representa uma ferramenta vital para tomada de decisão dos gestores da organização.

– Sistema de Gestão Ambiental (SGA)

Representa um conjunto de atividades realizadas de forma sistemática, que tem objetivo não apenas de evitar problemas com a legislação ou riscos ambientais, mas também como uma forma de agregar valor aos produtos e serviços fabricados e/ou comercializados pela empresa. Essa atitude também agrega valor à própria organização, pois é um fator bem visto por acionistas e investidores, representando um elemento crucial nas negociações.

Em complemento às primeiras atividades, as chamadas "atividades-fim" são aquelas que contribuem efetivamente para a geração de valor sustentável na organização. Foram classificadas dessa maneira porque elas estão **diretamente ligadas ao consumidor**, pois ofertam o produto ou serviço sustentável que serão adquiridos pelo mercado. Algumas dessas atividades-fim são:[5]

– Estratégias verdes

São atividades que visam à análise do macroambiente e microambiente da organização (vistos no capítulo anterior) e sua relação com a sustentabilidade socioambiental. No aspecto macroambiental, podem ser analisados os concorrentes convencionais e os concorrentes verdes, o papel do governo, compradores e fornecedores em relação ao mercado de produtos verdes, entre outros. No aspecto microambiental, podem ser analisados os principais pontos fortes e fracos da organização em termos de geração de valor sustentável. Após a análise do ambiente interno e externo da organização e suas estratégias verdes, deve-se proceder a análise de seu mercado consumidor.

– Consumo responsável

São atividades visando à análise do mercado consumidor e quais as tendências em relação à sustentabilidade ambiental. A empresa deve analisar se seu mercado consumidor demanda imediatamente produtos e serviços verdes ou se ainda não existe tal exigência. Havendo ou não um mercado para produtos sustentáveis, a organização deve analisar como poderá atender a esse consumidor ou, então, como fazer para criar novas tendências de consumo pautadas na sustentabilidade socioambiental. Após essa análise, a organização deverá passar ao estabelecimento do *marketing* ambiental de seus produtos e serviços.

– *Marketing* ambiental

São atividades visando à formulação das estratégias de *marketing* ambiental, bem como o desenvolvimento do composto de *marketing*, isto é, a elaboração do produto sustentável, a definição de seu preço, sua distribuição e promoção. Após o desenvolvimento dessa atividade, a organização terá condições de definir aspectos que gerem "diferencial verde" para seu produto.

– Diferencial verde

São atividades que irão diferenciar o produto sustentável da organização daqueles que são oferecidos pelos concorrentes, sejam convencionais ou verdes também. O objetivo é a **oferta de valor.** A empresa pode diferenciar seu produto dos demais por meio de vantagem de custo ou vantagem de diferenciação. No primeiro caso, a organização irá basicamente competir, oferecendo um preço mais baixo que a concorrência; no segundo caso, a organização irá oferecer um pacote de benefícios ao consumidor e que não será facilmente copiado pela concorrência, tais como desenvolvimento de um eficiente sistema de *marketing* de relacionamento, busca por uma certificação de cunho ambiental ou mesmo a criação de uma marca verde forte.

Podemos averiguar que duas estratégias são importantes para fazer com que os consumidores abracem a causa ambiental:[6]

1. Que os apelos ambientais venham acompanhados de vantagens econômicas para o consumidor. Se a empresa conseguir provar para ele que o seu produto sustentável irá acarretar, no médio ou longo prazo, uma vantagem econômica, as possibilidades de ter a preferência do consumidor na hora da compra serão maiores.
2. Que seja criada uma forma confiável de auxiliar os consumidores na identificação e escolha dos produtos sustentáveis. Uma dessas possibilidades é a obtenção de selos e certificações que venham a atestar, segundo normas reconhecidas pelo mercado, a "qualidade ambiental" dos produtos. Como o cliente não pode estar *in loco* para verificar a conduta ambiental da empresa, as certificadoras de caráter idôneo e reconhecidas por um sistema de certificação irão fazer esse trabalho para o consumidor.

Com o indispensável apoio, inclusive financeiro, da "alta administração", o profissional de ESG é capaz de mobilizar todos os recursos disponíveis na companhia que foram apresentados no modelo. A partir disso, ele deve ser capaz de "gerar valor positivo" para atender aos anseios dos *stakeholders*.

Vejam que, enquanto no capítulo anterior sobre "capitalismo *stakeholder*", a visão do Gestor de ESG estava mais voltada para o **macroambiente** (ambiente geral e ambiente operacional), agora, neste capítulo, seu foco deve estar no **microambiente**, ou seja, na mobilização de todos os recursos que a empresa tiver disponível para "gerar valor" aos *stakeholders* e, por conseguinte, atender à sua Agenda ESG.

4.3 Todas as atividades que "geram valor positivo" têm chance de atender às expectativas dos *stakeholders*

Vocês já pararam para pensar em como os cursos da área de Negócios (Administração, Marketing, Processos Gerenciais etc.) nos ensinam tão bem a "gerar valor" para os clientes, por meio da oferta de produtos e serviços que lhes façam se sentir melhor? Nas disciplinas de Marketing, por exemplo, a gente aprende a desenvolver produtos e a trabalhar os 4 Ps, que são o "produto", "preço", "promoção" e a "praça" (que correspondente às atividades de "distribuição").

Aprendemos que o que importa para a empresa é obter lucro por meio da venda de bens e serviços. E não há mal algum nisso! Olhe à sua volta. Todos os produtos que dispomos, principalmente os tecnológicos, desde *notebooks*, *smartphones*, televisões, geladeira, micro-ondas etc., surgiram graças ao avanço da tecnologia e esforço das empresas ao longo de décadas. E, para vender, elas divulgam seus produtos por intermédio de diversos canais de comunicação, enfatizando, para os consumidores, as vantagens e benefícios proporcionados por aquele bem ou serviço.

Além da melhoria no desenvolvimento dos **produtos**, redução de custo tornando o **preço** mais acessível aos clientes, **divulgação** em novos meios de comunicação (televisão, internet, redes sociais etc.), também foi possível **distribuir** o produto de forma mais eficiente, tornando o mix de *marketing* (que são os 4Ps) mais completo.

Atualmente, se quisermos comprar um produto, basta acessarmos o site da empresa, fazermos o *login*, digitarmos nossa senha, escolhermos o produto e o colocarmos numa sacola virtual, além de fazermos o pagamento por diversos meios possíveis, como: cartão de crédito, cartão de débito, PIX, transferência bancária, boleto bancário etc. Ao confirmar o recebimento do pagamento, imediatamente, a empresa vai separar o produto, colocá-lo numa embalagem e o despachar, seja pelo correio ou por uma transportadora. Em poucos dias, o produto estará em nossas casas. E dependendo da empresa, é possível comprar até fora do país e, mesmo assim, receber no conforto de sua casa.

Assim, as facilidades para se vender um produto (olhando sob a ótica da empresa) e comprar um produto (olhando sob a ótica do cliente) foram exponencialmente facilitadas de décadas para cá. Até mesmo em termos de informações. Quando queremos saber como foi a experiência de outros clientes a respeito de um produto que temos interesse em comprar, olhamos as avaliações (geralmente em forma de "notas" de 1 a 5) dadas por eles e os comentários sobre aquela mercadoria. Um bom exemplo disso é feito na Amazon. Tudo com o objetivo de levar o máximo de informações possíveis aos potenciais clientes, facilitar a sua tomada de decisão e gerar valor para a empresa.

Quando me recordo das aulas no curso de Administração, me lembro que tudo parava aí: feito a venda, obtido o recebimento do pagamento e realizada a entrega, no máximo era feito um serviço de pós-vendas para saber como foi a satisfação do cliente.

Em síntese, analisando sob esse ponto de vista, poderíamos pensar que:

As empresas são grandes benfeitoras da humanidade, pois geram os empregos que precisamos para sobreviver. Graças aos empregos, temos dinheiro para comprar os produtos e serviços que necessitamos para a nossa sobrevivência e bem-estar, e também para gerar os impostos devidos ao Estado, para que ele possa oferecer diversos serviços públicos para a sociedade. As empresas seriam como ANJOS!

Mas **há uma pergunta que eu nunca havia feito** naquela época em que cursava Administração na Universidade Federal de Viçosa (UFV):

O que acontece com aquele produto que a empresa vendeu, foi usado pelo consumidor e agora não tem mais utilidade prática? Ou, então, aquele produto que perdeu a validade? E as suas embalagens?

Será que ele evapora? Certamente que não! (risos). Assim, eu percebi que existe um "outro lado da moeda" que geralmente não é falado nos cursos de Negócios. Na verdade, **não eram falados**, porque agora com o surgimento dos debates a respeito da sustentabilidade ambiental e, mais recentemente, do ESG, isso está vindo à tona com toda a força. Vamos ao "outro lado da moeda":

As empresas são responsáveis pela geração de diversos produtos que, depois de terminados a sua vida útil, ou vencidos, serão descartados pelo consumidor, via de regra, na natureza. E o que as organizações fazem para contornar o problema? Aparentemente, muito pouco! Vemos, então, que as empresas são como DEMÔNIOS!

Porém peço calma aos que estão lendo! Existem soluções para o problema e elas passam muito pela **vontade**. Sim, pela vontade, tanto política como por parte das empresas. Vou listar algumas alternativas. Durante muito tempo, eu apenas "enxergava" uma parte do que hoje chamamos de **ciclo de vida** de um produto, considerando as questões ambientais. Esse ciclo de vida está relacionado a todos os atores sociais envolvidos desde a extração da matéria-prima até a disposição final. Vamos falar dele daqui a pouco. Ele é bem diferente do ciclo de vida tradicional que aprendemos nos cursos de Administração, por exemplo.

O ciclo de vida **tradicional** de um produto, conforme nos mostra Philip Kotler e Gary Armstrong em seu excelente livro *Princípios de Marketing* (1980), é o ciclo de estágios que o produto atravessa do nascimento até a morte: introdução, crescimento, maturidade e declínio. Além disso, representa o curso das vendas e dos lucros de um produto ao longo de sua vida. Esquematicamente, ele pode ser representado conforme a figura a seguir:[7]

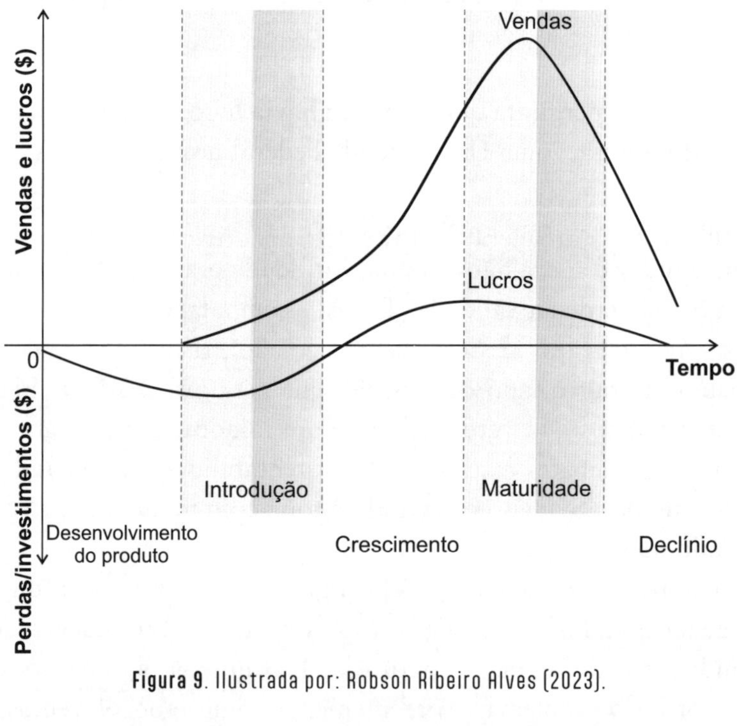

Figura 9. Ilustrada por: Robson Ribeiro Alves (2023).

Vejam que o modelo se inicia com o **desenvolvimento** de um produto que começa quando a empresa desenvolve uma ideia para um novo produto. Nesse momento, as vendas são iguais a zero e os custos de investimento aumentam. Após a **introdução** do produto no mercado, ainda há um baixo **crescimento** das vendas, pois ele ainda precisa ser mais conhecido pelos consumidores; não existem lucros, já que a empresa incorreu em despesas com o lançamento do produto.

O crescimento é um período de rápida aceitação pelo mercado e crescimento dos lucros, enquanto que a **maturidade** é um período de redução na taxa de crescimento das vendas, porque o produto é aceito pela maioria dos compradores potenciais. O nível dos lucros se estabiliza ou declina devido a gastos realizados para manter o nível de "consciência" e "conhecimento" dos compradores, de forma a defender o produto da concorrência.

Por fim, o **declínio** é o período em que as vendas diminuem e os lucros se tornam cada vez menores. Nessa última fase, pode chegar um momento em que a empresa é compelida a não fabricar mais desse produto, necessitando lançar novos produtos, o que fará com que o ciclo recomece.

Embora o modelo apresente a situação dos produtos em termos de vendas e lucratividade, sem menção aos fatores, como impactos ambientais negativos ao longo do tempo, há um aspecto dele que é importante em termos de problemática ambiental: o ciclo de vida dos produtos tem sido **reduzido** para que produtos mais novos sejam lançados no mercado, induzindo os consumidores a se desfazerem dos produtos antigos para adquirir novos. É a chamada **obsolescência programada** e que contribui para o descarte de inúmeros produtos no meio ambiente, muitos dos quais com pouco uso.[8]

A diversidade de resíduos encontrados no meio ambiente é, em parte, resultante do processo de obsolescência programada, que reduz o ciclo de vida dos produtos e estimula os consumidores a adquirirem uma versão mais nova de determinado produto.

Para complementar a análise do ciclo de vida de um produto, considerando os impactos ambientais e os diversos atores sociais envolvidos desde a extração da matéria-prima até a disposição final, é importante que um modelo que retrate as etapas de desenvolvimento, transporte, comercialização e descarte do produto seja analisado. Um modelo desse tipo foi apresentado no livro *Marketing Ambiental* (2016).[8]

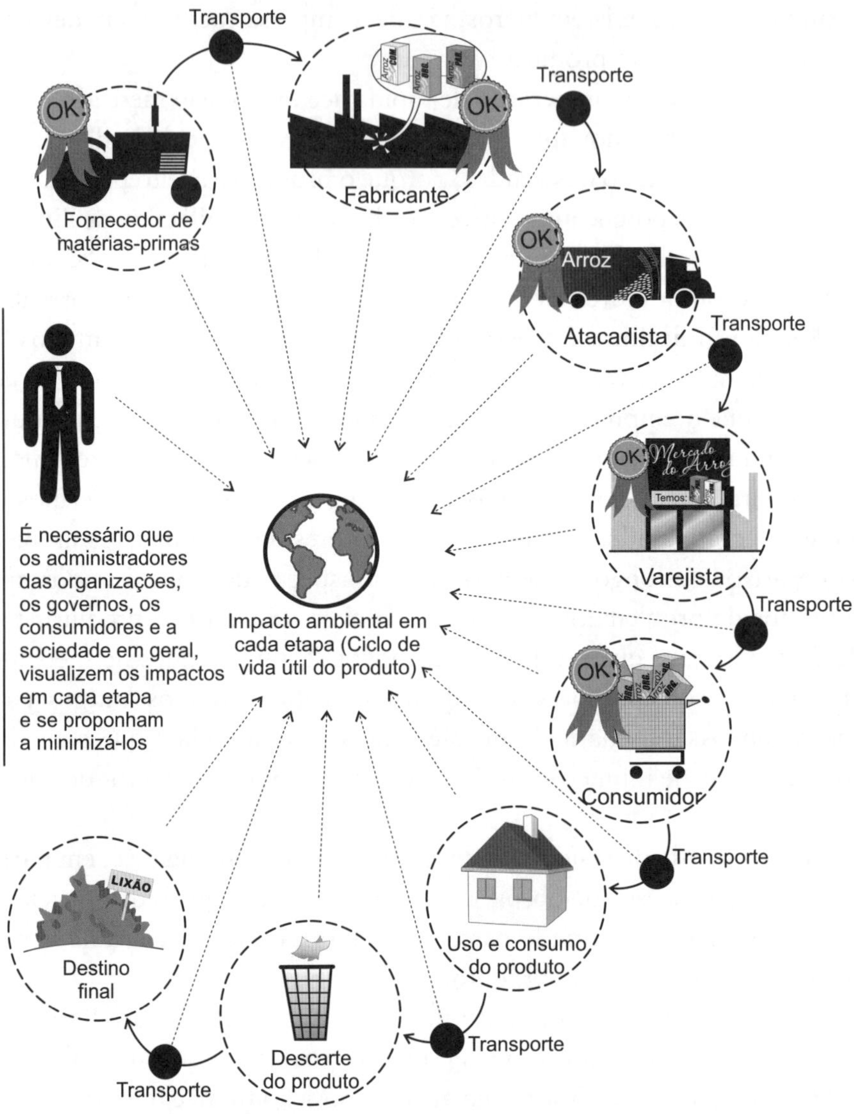

Figura 10. Ilustrada por: Robson Ribeiro Alves (2023).

Quando eu estudava Administração na universidade, o nosso aprendizado sobre esse ciclo ia apenas até o consumidor, sem menção ao que ocorria com o produto após o descarte por ele. Evidentemente, realizar uma análise de vida completa de um produto, considerando os impactos ambientais em todas as etapas, é um processo complexo e dispendioso.

Nesse tipo de análise, são considerados os impactos ambientais do produto desde a extração da matéria-prima até o seu destino final. É possível, também, fazer análises menos completas, limitando o ciclo até à fabricação dos produtos. Contudo o ideal é a empresa **repensar o ciclo de vida** útil de seus produtos, levando em consideração os diversos materiais, visando uma futura reciclagem dos produtos, com a possibilidade de transformá-los em novo material ou reaproveitando sua energia.

Quando nos lembramos do ciclo de vida, o importante em sua análise é que seja um instrumento de medição que ajude a avaliar o nível de impacto ambiental de um produto, para que se possa comparar essa medida em diferentes produtos e processos, de forma a criar alternativas de produtos e processos que minimizem os danos ao meio ambiente.[8]

Pensando nessa situação, o Walmart Brasil, uma das mais importantes redes mundiais de supermercados, desafiou seus fornecedores a fabricarem produtos mais sustentáveis, a fim de oferecê-los a seus clientes. Buscando expandir as ações de sustentabilidade entre empresas fabricantes de alimentos e produtos de higiene e limpeza, criou um programa denominado *End to End: a sustentabilidade de ponta a ponta*, por meio do qual objetivou influenciar seus fornecedores a disponibilizar produtos mais sustentáveis para os consumidores que faziam compras em suas lojas. Os desafios desse programa estavam relacionados a ambas as pontas da cadeia do varejo: como conseguir que os fornecedores se dedicassem a desenvolver produtos com menores impactos negativos de um lado e, de outro, como conseguir despertar o interesse dos consumidores pelos novos produtos que foram disponibilizados.[9]

Além de proporcionar discussões a respeito de alternativas de produtos com mais qualidade ambiental, analisar o ciclo de vida de um produto pode contribuir para o estabelecimento de denominações, como "reciclável", "produto verde", "produto ambientalmente responsável", entre outros, ajudando a empresa em sua estratégia de comunicação de *marketing* ambiental. Pela sua aparente complexidade, a análise de ciclo de vida parece ser uma atividade impraticável nas empresas, mesmo que ajude a determinar importantes impactos ambientais como, por exemplo, o gasto de energia.

Mas isso tem ocorrido. Muitas indústrias do mundo têm realizado a análise de ciclo de vida em diversos setores, que vão desde empresas de papel, papelão, vidro, aço, luz, energia, alumínio, embalagens plásticas de bebidas e sistemas de entrega para verificar os gastos com transporte. Além disso, muitas tecnologias diferentes se desenvolveram, em quantidade e em qualidade. Algumas delas permitem que as empresas realizem suas próprias análises de ciclo de vida com a ajuda de ferramentas sofisticadas de *software*, com o *SimaPro*, *GaBi*, e *Umberto*, programados com estimativas dos impactos ambientais de diversos materiais e processos.[10]

Estabelecer a análise de ciclo de vida de um produto, levando em consideração seus impactos ambientais, pode ajudar a empresa a repensar projetos de produtos e buscar alternativas de matérias-primas mais fáceis de serem recicladas ou reutilizadas, por exemplo. A revalorização de produtos, após o fim de vida útil, tem sido importante tanto por aspectos ambientais, por se preocupar com a destinação final dos resíduos e lixo, como também por aspectos sociais e econômicos, ao proporcionar que muitas pessoas e empresas entrem nesse ramo de atividade, como catadores, usinas de reciclagem, mercado de produtos de "segunda mão", entre outros, dando origem ao processo de **logística reversa.**

Sobre a logística reversa, ela pode ser definida como a área da logística empresarial que planeja, opera e controla o fluxo e as informações logísticas correspondentes, do retorno dos bens de pós-venda e de pós-consumo ao ciclo de negócios ou ao ciclo produtivo por meio dos canais de distribuição reversos, agregando-lhes valor de diversas naturezas: econômico, ecológico, legal, logístico, de imagem corporativa, entre outros. Alguns sinais de tendência à descartabilidade foram observados como o lançamento de novos produtos, o lixo urbano, a produção de computadores, a produção de materiais plásticos e a produção de automóveis.[11]

No entanto não é sempre que os consumidores precisam comprar modelos novos e que, muitas vezes, realmente não o fazem. Se os consumidores estão preocupados com a rápida obsolescência de suas aquisições, eles sempre têm a possibilidade de evitar as compras. Esse fator pode criar oportunidades de *marketing* que permitam aos consumidores incorporar o último avanço tecnológico na sua aquisição, como tem ocorrido com *softwares* de computadores, ao invés de comprar um produto novo.[12]

De qualquer forma, a primeira consequência da redução da vida útil dos produtos é o aumento da quantidade de itens a ser manipulada nos canais de distribuição diretos, já que frequentemente são lançados novos produtos. Com o aumento da oferta de bens nos canais de distribuição e o maior consumo dos produtos, a tendência é que mais resíduos e lixos sejam gerados, ocasionando problemas ambientais.

A logística reversa surgiu como uma alternativa para tentar equacionar esses problemas, no sentido de **revalorizar economicamente os produtos** e resíduos não mais utilizados e se utilizar canais de distribuição reversos.

A logística reversa pode ser dividida em duas modalidades:[11]

a. **Logística reversa de bens de pós-consumo:** é constituída pelo fluxo reverso de uma parcela de produtos e de materiais constituintes originados do descarte dos produtos, depois de finalizada sua utilidade original e que retornam ao ciclo produtivo de alguma maneira. Nesse tipo de logística reversa, são comuns atividades de reciclagem, reúso e desmanche. Na impossibilidade de reaproveitamento dos materiais, eles podem ser enviados para sistemas de destinação seguros ou controlados, que minimizam a poluição, ou então não seguros, que provocam maiores impactos negativos ao meio ambiente.
b. **Logística reversa de bens de pós-venda:** é constituída pelas diferentes formas e possibilidades de retorno de uma parcela de produtos, com pouco ou nenhum uso, que fluem no sentido inverso, do consumidor ao varejista, ou ao fabricante, e do varejista ao fabricante entre as empresas, motivados por problemas relacionados à qualidade em geral ou a processos comerciais entre empresas, retornando ao ciclo de negócios de alguma maneira.

A logística reversa de bens de pós-consumo tem uma conotação mais relacionada com o reaproveitamento de materiais e de componentes, tendo uma ligação estreita com as questões ambientais. Entretanto a logística reversa de bens de pós-venda, por outro lado, está mais ligada com a competitividade da empresa, redução de custos e melhoria de sua imagem institucional, sendo uma ferramenta mais comercial.[8]

Com o objetivo de alcançar um índice de recuperação de 100%, a Nissan — gigante japonês fabricante de carros — tem se concentrado nos três Rs (reduzir, reutilizar e reciclar) ao longo do ciclo de vida útil do veículo. A empresa tem procurado reduzir o uso de materiais prejudiciais, incorporando partes plásticas de carros usados, usando plásticos reciclados e biomateriais renováveis, além de tornar suas peças mais eficientes e fáceis de serem recicladas.[10]

Outro exemplo interessante é de uma empresa chamada AQUS. Ela desenvolveu uma tecnologia inteligente *(greywater)* na qual a água desperdiçada na pia do banheiro entra no vaso sanitário e então é utilizada para a descarga, fazendo com que a água seja usada duas vezes sem custos adicionais. Como cerca de 40% de toda água utilizada em uma residência são para fins de descarga, combinar a pia e o vaso sanitário em um sistema novo economiza, numa casa comum com dois moradores, entre 38 e 76 litros de água por dia, ou cerca de 15.400 litros por ano.[10]

Assim, tanto a "reciclagem" como a "reutilização" têm se mostrado importantes ferramentas na revalorização econômica dos produtos. Mas o que exatamente é a "reciclagem" e a "reutilização"?

A **reciclagem** é entendida como o canal reverso de revalorização, no qual os materiais constituintes dos produtos descartados são extraídos industrialmente, transformando-se em matérias-primas secundárias ou recicladas, que serão reincorporadas à fabricação de novos produtos, como no exemplo da Nissan.[11] Já a **reutilização** é um canal reverso, em que é necessário que o bem de pós-consumo tenha condições de ser reusado, e que a cadeia esteja estruturada para a coleta, seleção e revalorização, como no caso do exemplo da reutilização da água. Muitas vezes, na reutilização, ocorre o encaminhamento de um bem para um mercado de "segunda mão", como no caso de lojas de ponta de estoque, bazares, brechós, lojas de produtos usados e livros vendidos em sebos.[13]

Alguns setores respondem positivamente a esse mercado secundário, como o setor de automóveis (autopeças) e eletrodomésticos (eletroeletrônicos). Nesse caso, ocorre o "desmanche" do produto original, e não sua reutilização como um todo. Ele representa, portanto, um terceiro tipo de logística reversa.

O **desmanche** é um sistema de revalorização de um produto de pós-consumo que, após sua coleta, sofreu um processo industrial de desmontagem no qual seus componentes em condições de uso ou de remanufatura são separados em partes ou materiais para os quais não existem condições de revalorização, mas que ainda são passíveis de reciclagem industrial. Os primeiros são enviados — diretamente ou após a remanufatura — ao mercado de peças usadas, enquanto que os materiais que não possuem mais serventia são destinados a aterros sanitários, controlados ou, então, são incinerados.[11]

Por fim, se não houver viabilidade técnica ou financeira para se fazer a reciclagem, reutilização ou desmanche, não resta outra opção a não ser fazer a **disposição final** do produto. Hoje em dia, a melhor alternativa ambiental é enviá-lo para um aterro sanitário, embora, muitas vezes, ele acabe em um aterro controlado, ou em um "lixão" ou são incinerados. Vamos ver as diferenças entre eles.

Os **lixões** são vazadouros a céu aberto que não fornecem nenhum tratamento adequado para o lixo. Isso significa que, nos lixões, os resíduos vindos de diversos lugares, como de residências, indústrias, hospitais e feiras, são simplesmente jogados, amontoados em grandes depósitos a céu aberto, que geralmente ficam longe dos centros urbanos, apresentando-se como uma falsa solução à população. Inclusive, muitos lixões são clandestinos. Como esse tipo de destinação não possui nenhum critério sanitário de proteção ao meio ambiente, o resultado é que todo esse lixo contamina a água, o ar, o solo e o lençol freático, atraindo vetores de doenças, como germes patológicos, moscas, mosquitos, baratas e ratos. Para piorar ainda mais a situação, nesses locais existem pessoas que estão ali para coletar matérias-primas para sobreviverem, incluindo crianças, que separam papelões, jornais, embalagens e assim por diante. Além das doenças mencionadas, essas pessoas correm o risco de pegar doenças com objetos cortantes, alimentos contaminados ou de se ferirem com fogo, além da poeira, dos caminhões e máquinas.[14]

Outro destino para os resíduos sólidos é a **incineração**, que tem a vantagem de diminuir muito o volume do lixo, destruir substâncias e materiais perigosos, além de produzir energia. No entanto o maior problema da incineração são os poluentes gerados e lançados na atmosfera. O dióxido de carbono, por exemplo, que é produzido em toda combustão completa de materiais orgânicos, é o grande responsável pelo efeito estufa e pelo aquecimento global. Já os **aterros controlados** são os lugares onde o lixo é disposto de forma controlada e os resíduos recebem uma cobertura de solos. Contudo os aterros controlados não recebem impermeabilização do solo nem sistema de dispersão de gases e de tratamento do chorume gerado, ou seja, esse tipo de aterro é uma categoria intermediária entre o lixão e o aterro sanitário, sendo geralmente uma célula próxima ao lixão, que foi remediada, recebendo cobertura de grama e argila.[14]

Por fim, nos **aterros sanitários,** o lixo residencial e industrial é depositado em solos que receberam tratamento para tal, isto é, que foram impermeabilizados, o que inclui uma preparação com o nivelamento de terra e com a selagem da base com argila e mantas de PVC. Os aterros sanitários também possuem sistema de drenagem para o chorume (que é aquele líquido preto e tóxico que resulta da decomposição do lixo), que é levado para tratamento, sendo depois devolvido ao meio ambiente sem risco de contaminação, além de captação dos gases liberados, como metano, seguida da sua queima. Os aterros sanitários são cobertos com solo e compactados com tratores, dificultando o acesso de agentes vetores de doenças e de oxigênio, bem como a proliferação de determinadas bactérias. As construções desses aterros são pautadas em normas da Associação Brasileira de Normas Técnicas (ABNT). Há também poços de monitoramento abertos próximo aos aterros, para que se avalie constantemente a qualidade da água e haja verificação de eventuais contaminações.[14]

Entretanto, apesar de apresentar esses aspectos positivos e de serem economicamente viáveis, os aterros sanitários têm vida curta (cerca de 20 anos) e, mesmo depois de desativados, continuam produzindo gases e chorume. Se não forem bem preparados, podem resultar nos mesmos problemas que os vazadouros a céu aberto. Além disso, é necessário haver um controle do tipo de lixo que recebem porque, senão, também podem acabar recebendo tipos de lixos perigosos, como resíduos hospitalares e nucleares. Sendo assim, os aterros sanitários necessitam de controle e manutenção, o que nem sempre é feito.[14]

Nesse contexto, vemos que, sempre que possível, a empresa deve avaliar e minimizar os impactos ambientais negativos ao longo do ciclo de vida de seus produtos. Para que isso ocorra, é importante que a **empresa repense e reprojete seu produto quantas vezes forem necessárias,** para que seu produto seja mais facilmente reciclado ou reutilizado após o período de vida útil ou que seja desmanchado para que suas peças sejam reutilizadas.

A verdade é que, para a **sociedade do passado,** a produção das empresas (não importava como) e a oferta de produtos e serviços para as pessoas eram o mais importante. Porém, para a **sociedade do presente (e do futuro)** isso não basta mais! Essa sociedade tem uma noção mais ampliada das coisas (pois, também, tem muita informação) e quer saber o que será feito do produto que não tem mais utilidade ou está vencido. Igualmente quer saber das embalagens que foram descartadas. A sociedade quer saber como equacionar o problema dos resíduos. Ela exige das organizações privadas e públicas uma gestão eficiente dos resíduos! E isso obrigatoriamente deve fazer parte da Agenda ESG delas.

4.4 Como a "geração de valor" impacta o trabalho do Gestor de ESG?

Uma vez vi uma charge que mostrava um macaquinho tentando acertar um cubo de madeira em uma mesa composta por três buracos: o de um círculo, o de um triângulo e o buraco correspondente ao cubo que ele, em tese, deveria acertar.

Porém, o mais curioso da charge, era que o macaco olhava assustado para um homem que estava coçando a cabeça e com um lixo na mão. O homem estava diante de diversas cestas coloridas, dessas de coleta seletiva, e não conseguia colocar o resíduo na correspondente lixeira. Sempre uso essa imagem em minhas aulas e palestras, pois ela ilustra as dificuldades que temos, no geral, em separar o lixo e lidar com as questões ambientais.

Geralmente, na primeira aula de uma nova turma dos cursos de Gestão Ambiental, de Engenharia Florestal, ou mesmo no Mestrado Acadêmico em Administração, na Universidade Federal do Pampa — local em que trabalho —, a primeira pergunta que faço aos alunos é:

Vocês separaram o lixo orgânico do lixo seco em casa?

As respostas são as mais diversas. Alguns dizem que "sim", enquanto que outros ficam calados ou, um pouco sem graça, relatam que "não". Para separar o lixo em casa, logicamente, eles teriam que usar pelo menos duas cestinhas, uma para cada tipo de resíduo. Mas qual a importância disso? Chamamos de "lixo seco" aquele que é composto de papel, plástico, metal, entre outros. Quando separamos o lixo seco do lixo orgânico, mantemos a qualidade desses materiais.

Depois que colocamos o lixo num contêiner da rua, por exemplo, o "lixo seco" poderá ser recolhido, posteriormente, pelos catadores ou outros agentes de limpeza. Por outro lado, se ocorrer a mistura do lixo orgânico (restos de alimentos, em geral) com o lixo seco, haverá a perda de sua qualidade e o catador certamente não irá recolhê-lo, porque não terá valor comercial. Garantindo a qualidade do lixo seco abrimos a possibilidade de que, futuramente, ele venha a ser reciclado, reutilizado ou desmontado, que são as possibilidades de logística reversa que vimos anteriormente.

Mas, infelizmente, o que vemos é a proliferação de lixo em todos os cantos de uma cidade, notadamente nos cursos d'água, como rios, córregos e lagos. Numa rápida busca no Google, se digitarmos a frase "lixo nos rios" e formos em "imagens", vamos nos assustar com a quantidade de fotos sobre poluição das águas pelos resíduos gerados em residências e indústrias. Logo, uma situação como essa impacta o trabalho do Gestor de ESG, pois vemos, claramente, os três pilares:

- **Ambiental:** Os resíduos depositados nos cursos d'água, já estarão com a sua qualidade comprometida e sem a possibilidade, muitas vezes, da reciclagem, reutilização ou desmontagem. Esses resíduos irão poluir as águas de rios, córregos e lagos e matar a fauna aquática que havia.

- **Social:** Os resíduos que poluem as águas, na maioria das vezes, passam a ser um esgoto a céu aberto. Essa poluição pode provocar o aparecimento de vetores, como insetos causadores de doenças, além do surgimento de roedores, como ratos, por exemplo. Os moradores das casas próximas sofrerão com possíveis doenças, além do mau cheiro. Isso sem falar na chamada "beleza cênica", que foi perdida com a poluição dos cursos d'água, e a perda econômica quando se usa da pesca para obtenção de alimento ou venda.

- **Governança:** As empresas privadas e as organizações públicas perdem a oportunidade de reaproveitar esses materiais e, pior, agora eles geram poluição e diminuem o bem-estar de todos. Esses resíduos poderiam gerar valor e serem matérias-primas para novos bens, entrando novamente no ciclo de vida de um produto.

Além disso, para despoluir os mananciais de água serão necessários recursos públicos que poderiam ser utilizados em outras prioridades do município. Está claro que há falta de governança de diversos atores sociais para conter a poluição das águas e todos os malefícios que ela proporciona para os vários *stakeholders.*

Pensando nas maneiras de estimular a população a não jogar os resíduos nos corpos d'água, ou mesmo nas vias públicas, diversas iniciativas têm sido feitas. Por exemplo, São Paulo é uma das cidades que desenvolvem iniciativas do tipo. Em março de 2023, o CEO da empresa Green Mining e a presidente da Associação dos Comerciantes de Pinheiros foram à Secretaria Executiva de Cooperação para o Desenvolvimento Sustentável (SECDS), para discutir a implementação da 1ª Estação do Preço de Fábrica do município no Mercado de Pinheiros. O ponto de coleta recebe recicláveis e, em troca, faz pagamento em dinheiro via PIX. O equipamento foi desenvolvido pela *start-up* Green Mining e pela fabricante de papel-cartão Ibema e tem como objetivo lidar com a reciclagem de uma maneira responsável.

Os resíduos de vidro, papelão, papel branco e papel-cartão entregues na Estação são comprados e destinados de maneira ambientalmente responsável. Dessa forma, há contribuições para o meio ambiente e para a sociedade, com o incremento de renda para as pessoas que levarem os materiais até o equipamento. "Estamos apresentando à cidade mais uma solução para recuperar embalagens pós-consumo e encaminhar à reciclagem ou reutilização, evitando que o material vá para um aterro, como desenhado pelo sistema da empresa criadora", explica o Secretário Executivo de Abastecimento, interlocutor da parceria, junto a Secretaria de Relações Internacionais.[15]

A prefeitura paulistana informou que a previsão é que novas estações Preço de Fábrica sejam instaladas em outros 15 mercados da cidade de São Paulo, mas não deu prazos para a ampliação do projeto. "O projeto piloto visa atender à necessidade dos clientes comprometidos com responsabilidade ambiental e também proporcionar a valorização da entrega dos catadores nas ruas da região, recebendo-os em local acessível e precificando melhor os rendimentos", afirma o assessor técnico da SECDS.[15]

Com a instalação do equipamento abrigado por um contêiner feito de plástico reciclável, o Mercado de Pinheiros está na frente de mais uma iniciativa de sustentabilidade na capital. O mesmo projeto já existe nos municípios de Carapicuíba e Embu das Artes. E como funciona o projeto? Para receber rendimentos dos resíduos coletados, o usuário deve baixar o aplicativo gratuito da Green Mining, disponível nas plataformas da App Store e Google Play, preencher um breve cadastro e indicar o material que foi entregue no ponto de coleta, onde tudo será pesado e classificado.

Assim, um recibo vai ser gerado e, quando completar R$10, o valor será depositado semanalmente, às sextas-feiras, na conta da pessoa por meio de PIX. A expectativa é que, em breve, outras formas de pagamento estejam disponíveis.[15]

Também em São Paulo, uma iniciativa, ao invés de dar dinheiro para quem entrega materiais recicláveis, beneficia clientes individuais com descontos em sua conta de luz, podendo até zerá-la. Desenvolvido pelas empresas AES Eletropaulo e AES Sul, o projeto "Recicle Mais, Pague Menos", foi criado em 2013 e conta com mais de 5 mil clientes e 2,6 milhões de quilos de resíduos recolhidos apenas nos primeiros anos do projeto.

A principal finalidade é a reciclagem e a redução na geração de resíduos, bem como a valorização do que se chama de "lixo". A iniciativa contribui para a sustentabilidade ambiental, fortalecendo a autoestima e a dignidade da comunidade ao diminuir a quantidade de resíduos descartados em locais inapropriados, contribuindo com o orçamento familiar e fomentando o descarte correto de materiais recicláveis ou reutilizáveis.[16]

Inicialmente, o projeto foi divulgado de forma tímida em São Paulo. No entanto, mesmo desconhecido por grande parte da população paulistana, a ação da AES Eletropaulo teve bons resultados na redução do custo do consumo de energia através da reciclagem, fazendo com que houvesse um exercício de cidadania e envolvimento por parte das pessoas. Por meio de seu "braço" no sul do país, a AES Sul, a iniciativa também ocorre no Rio Grande do Sul. No município de Canoas, o projeto arrecadou mais de 10 mil toneladas de material reciclável. Os clientes que aderiram ao projeto obtiveram, em média, R$78 de desconto na fatura de energia elétrica, no primeiro mês de arrecadação.[17]

O funcionamento é simples. O cliente deve se dirigir até um dos pontos de coleta, munido de sua conta de luz, para efetuar o cadastro. Ali ele ganhará um cartão personalizado para ser identificado sempre que comparecer ao ponto de coleta. De posse do cartão, o cliente começa a missão de reciclagem. Todo material entregue nos pontos de coleta é pesado e precificado, de acordo com uma tabela de mercado. A soma é registrada em um terminal eletrônico, que envia a informação para a distribuidora de energia. Os participantes recebem na hora um comprovante com a quantia que será abatida na sua próxima conta de energia elétrica. Não há limite para o desconto. Se a pesagem dos resíduos superar o valor da "conta de luz", o crédito restante servirá de desconto na fatura seguinte.[17]

Porém não é apenas em São Paulo ou no Rio Grande do Sul que acontece esse tipo de iniciativa, mas também na capital federal. Em Brasília, é a Neoenergia Distribuição Brasília, que possui um projeto batizado de "Vale Luz". Por meio dele, as contas de luz podem ser pagas com materiais recicláveis descartados em um dos pontos espalhados pela cidade. A ação tem o objetivo de estimular o uso racional dos recursos naturais e minimizar os impactos negativos causados pelos resíduos no meio ambiente, estimulando o descarte correto de resíduos sólidos, aliado a descontos na fatura de energia elétrica ou a doação para entidades assistenciais cadastradas. A iniciativa faz parte do Programa de Eficiência Energética (PEE) da empresa, regulado pela Agência Nacional de Energia Elétrica (ANEEL).[18]

E, no Nordeste, um dos estados que também troca material reciclável por descontos em conta de luz é Pernambuco. Ele é desenvolvido pela mesma empresa de Brasília e também se chama "Vale Luz", fazendo parte do Programa de Eficiência Energética da Neoenergia Pernambuco. Para participar do Programa Vale Luz, o cliente deve estar em dia com a empresa. Em seguida, precisa apenas se apresentar no ponto de troca itinerante com a conta, contrato e um documento com foto. O projeto também atende condomínios, por meio do Vale Luz Condomínio, que faz a coleta de resíduos diretamente nas unidades, concedendo descontos na fatura de energia do condomínio cadastrado.[19]

Os materiais aceitos são: metal (latinhas de alumínio e ferro), papel, papelão, plásticos (garrafas PET, embalagens de produtos de limpeza e higiene), óleos vegetais (óleo de coco, cozinha, soja, canola, girassol e milho), vidros e eletrônicos (exceto geladeiras, refrigeradores e condicionadores de ar). Para a troca, os materiais devem estar limpos e secos. Em caso de papéis, devem estar já empilhados, para facilitar o processo de pesagem. Em março de 2022, por exemplo, a latinha de alumínio foi um dos itens que mais foram entregues nos pontos de arrecadação, pois o produto estava em alta no mercado de reciclagem, pagando até R$1 por 10 unidades.[19]

Ainda sobre logística reversa, as práticas ecológicas e de reciclagem são cada vez mais valorizadas atualmente, e no setor de tecnologia isso não é diferente. O reaproveitamento de aparelhos e peças antigas pode contribuir significativamente para a preservação do meio ambiente e para a redução do lixo eletrônico. A gigante fabricante de eletrônicos sul-coreana Samsung é uma empresa comprometida com essa causa, criando o programa de troca ecológica "Eco Troca".[20]

O programa consiste em uma iniciativa de troca de aparelhos antigos por cupons de desconto na compra de novos produtos elétricos e eletrônicos da fabricante. A ação oferece ao consumidor descontos em aparelhos como ar-condicionado, geladeiras, máquinas de lavar e outras TVs, mediante a entrega de modelos antigos e/ou danificados, independente da marca. É importante destacar que somente é possível realizar a troca por produtos da mesma categoria, ou seja, deve-se trocar uma TV antiga por um desconto na compra de uma nova TV, assim como trocar refrigeradores antigos por novos refrigeradores, e assim sucessivamente. O serviço é realizado exclusivamente de forma *online* pelo site da Samsung, estando disponível em todo o Brasil e com a coleta dos produtos antigos gratuita.[20]

Todas essas iniciativas ligadas à "logística reversa" têm por objetivo conscientizar os consumidores e equacionar o problema da geração intensa de resíduos. Mas a pergunta que não quer calar é:

> "Será que as empresas fazem isso apenas para promover o seu '*marketing* ambiental', ou seja, para aparecerem bem aos olhos dos consumidores?"

Claro que não! No fundo, as empresas sabem que são as grandes responsáveis por todo acúmulo de resíduos em nosso planeta e, por isso, precisam criar programas para envolver os corresponsáveis pelo problema: você, eu e todos os consumidores, já que boa parte do lixo que vai parar nos rios, córregos, lagos ou vias públicas é jogado pelas pessoas. Também deve haver o envolvimento dos governos, pois é obrigação deles criarem mecanismos para resolver a poluição advinda dos resíduos, como foi num exemplo que apresentamos sobre a lei que proibia a entrega gratuita de sacolas plásticas no estado do Rio de Janeiro.

Assim, o Gestor de ESG deve estar atento a todas essas questões. E, como foi visto, o caso particular dos resíduos afeta diretamente as três dimensões do ESG: o ambiental, o social e a governança.

Referências do capítulo

1 PRADA, Charles. **Cadeia de valor:** o que é, para que serve e exemplo de aplicação na gestão de processos. 2019. Disponível em: https://www.euax.com.br/2019/10/cadeia-de-valor/. Acesso em: 9 abr. 2023.

2 ALVES, Ricardo Ribeiro; JACOVINE, Laércio Antônio Gonçalves; NARDELLI, Áurea Maria Brandi. **Empresas verdes:** estratégia e vantagem competitiva. Viçosa, MG: Editora UFV, 2011.

3 PORTER, Michael. **Vantagem competitiva:** criando e sustentando um desempenho superior. Rio de Janeiro: Elsevier Campus, 1989.

4 MARKETING JÚNIOR USP. **A importância de se criar valor para o cliente.** [s.d.]. Disponível em: https://www.marketingjr.com.br/o-que-e-gerar-valor-e-por-que-investir-nisso/. Acesso em: 9 abr. 2023.

5 ALVES, Ricardo Ribeiro. **Administração verde:** o caminho sem volta da sustentabilidade ambiental nas organizações. Rio de Janeiro: Elsevier, 2016.

6 ALVES, Ricardo Ribeiro. **ESG:** O presente e o futuro das empresas. Petrópolis: Editora Vozes, 2023.

7 KOTLER, Philip; ARMSTRONG, Gary. **Princípios de *marketing*.** 18 ed. Porto Alegre: Bookman, 2023.

8 ALVES, Ricardo Ribeiro. ***Marketing* ambiental:** Sustentabilidade empresarial e mercado verde. Barueri: Manole, 2017.

9 ESPM DIGITAL. **End to end:** A sustentabilidade de ponta a ponta. Disponível em: https://acervo-digital.espm.br/Central%20de%20Cases%20ESPM/end_to_end.pdf. Acesso em: 11 abr. 2023.

10 OTTMAN, Jacquelyn A. **As novas regras do *marketing* verde***:* estratégias, ferramentas e inspiração para o branding sustentável. São Paulo: M. Books do Brasil Editora Ltda, 2012.

[11] LEITE, Paulo Roberto. **Logística reversa:** sustentabilidade e competitividade. 3. ed. São Paulo: Saraiva Uni, 2017.

[12] DICKSON, P. R. Ambiente de *marketing* e responsabilidade social. In: CZINKOTA, M. R.; DICKSON, P. R.; DUNNE, P.; et al. ***Marketing*****:** as melhores práticas. Porto Alegre: Bookman, 2001. p. 42-71.

[13] PEREIRA, A. L.; BOECHAT, C. B.; TADEU, H. F. B.; et al. **Logística reversa e sustentabilidade.** São Paulo: Cengage Learning, 2012.

[14] FOGAÇA, Jennifer. **Diferença entre lixão, aterro controlado e aterro sanitário.** [s.d.]. Disponível em: https://mundoeducacao.uol.com.br/quimica/diferenca-entre-lixao-aterro-controlado-aterro-sanitario.htm. Acesso em: 11 abr. 2023.

[15] CICLO VIVO. **São Paulo ganha projeto de troca de recicláveis por dinheiro.** 2023. Disponível em: https://ciclovivo.com.br/fique-ligado/oportunidades/sao-paulo-ganha-projeto-de-troca-de-reciclaveis-por-dinheiro/. Acesso em: 11 abr. 2023.

[16] INSTITUTO ETHOS. **Conheça o projeto Recicle Mais, Pague Menos.** 2015. Disponível em: https://www.ethos.org.br/cedoc/ethos-residuos-solidos_conheca-o-projeto-recicle-mais-pague-menos/. Acesso em: 11 abr. 2023.

[17] AMBIENTE LEGAL. **Reciclagem paga a conta de luz.** 2015. Disponível em: https://www.ambientelegal.com.br/reciclagem-paga-a-conta-de-luz/. Acesso em: 11 abr. 2023.

[18] JORNAL DE BRASÍLIA. **Contas de luz podem ser pagas com material reciclável.** 2023. Disponível em: https://jornaldebrasilia.com.br/brasilia/contas-de-luz-podem-ser-pagas-com-material-reciclavel/. Acesso em: 11 abr. 2023.

[19] FOLHA DE PERNAMBUCO. **Contas de luz podem ser pagas com material reciclável em Pernambuco; coleta acontece nesta semana.** 2022. Disponível em: https://www.folhape.com.br/economia/contas-de-luz-podem-ser-pagas-com-material-reciclavel-em-pernambuco/218534/. Acesso em: 11 abr. 2023.

[20] COSTA, Kelvin Leão Nunes da. **Como funciona o programa Eco Troca da Samsung?** 2023. Disponível em: https://olhardigital.com.br/2023/04/11/dicas-e-tutoriais/como-funciona-o-programa-eco-troca-da-samsung/. Acesso em: 14 mai. 2023.

05

ESG NA PRÁTICA: PILAR "AMBIENTAL"

5.1 A partir de agora, por que as empresas serão realmente sustentáveis?

Além de tudo o que falamos até aqui, principalmente a preocupação com a "gestão de risco" e atendimento às expectativas dos *stakeholders* (capitalismo *stakeholder* e geração de valor), alguns fatores extremos estão fazendo com que as peças deste tabuleiro se movam em direção ao ESG:

1. Mudanças climáticas. Elas levam à incerteza no ambiente e são responsáveis por tragédias ambientais, secas extremas, inundações não previstas, gerando perda de lavouras e de negócios.
2. Questões econômicas. Além das provocadas pelas mudanças climáticas, também a sensação de risco iminente nos negócios e que podem afugentar investidores, parceiros e clientes.
3. Poder do consumidor. Hoje as pessoas são mais bem informadas do que há tempos atrás, isso graças à maior informação advinda da Internet e, também, com o aumento do nível educacional da população, fazendo com que ela tenha mais discernimento a respeito dos produtos e serviços que consome.

Não é mais um discurso ambientalista, na qual a gente sempre tinha dúvida se a empresa cumpriria ou não. Agora a situação é diferente, tem a ver com o risco do negócio e as expectativas das partes interessadas.

Um dos discursos mais impactantes e que sempre provoca "estilhaços" em todo o mercado corporativo são as cartas anuais de Larry Fink para CEOs. Ele é o presidente do Conselho de Administração e diretor-executivo da BlackRock, **maior gestora de ativos do mundo.** Esse CEO tem sido um dos principais advogados da sustentabilidade corporativa e defendeu em uma das referidas cartas que "não é justiça social, e sim capitalismo" as novas mudanças no mundo empresarial. Em suas próprias palavras, ele diz que "nós nos concentramos em sustentabilidade não porque somos ambientalistas, mas porque somos capitalistas e fiduciários para nossos clientes". Com esses e outros recados, Fink fez do chamado "capitalismo *stakeholder*" o tema central de sua carta, intitulada *O Poder do Capitalismo*. A característica principal do texto é o pragmatismo, presente em edições anteriores das cartas e responsável pelo grande impacto desses conteúdos no mercado[1].

Em outra de suas cartas, ele reafirma que o capitalismo *stakeholder* "não se trata de política. Não é uma agenda social ou ideológica. Não é 'justiça social'. É capitalismo, conduzido por relacionamentos mutuamente benéficos entre você e os funcionários, clientes, fornecedores e comunidades nos quais sua empresa depende para prosperar". Com suas cartas anuais recheadas de frases fortes, Fink tem contribuído para o amadurecimento do mercado, que agora percebe, de forma majoritária, como incentivar empresas investidas a fazer boa gestão dos seus aspectos ESG. E que isso significa cuidar bem do dinheiro dos clientes, que investem basicamente para cuidar de seu futuro[1].

Larry Fink deixa claro que "não se trata de conciliar geração de riqueza com propósito e gestão de impactos socioambientais, mas sim de compreender que a lucratividade em longo prazo depende fundamentalmente do senso de direção expresso em um propósito claro e de uma execução cuidadosa, que reconhece o engajamento de *stakeholders* como fator central para o sucesso"[1].

Um recado forte e certeiro pode ser visto no site, em português, da gestora de ativos da BlackRock sobre a carta de seu executivo[2]:

"Acreditamos que, quando uma empresa não está efetivamente abordando uma questão material, seus diretores devem ser responsabilizados. No ano passado, a BlackRock votou contra ou reteve votos de 4.800

diretores em 2.700 empresas diferentes. **Quando acharmos que as empresas e conselhos não estão produzindo divulgações de sustentabilidade eficazes ou implementando estruturas para gerenciar essas questões, vamos responsabilizar os membros do conselho".**

É realmente impactante perceber o quanto os investidores estão dispostos a comprar essa briga e exigir compromissos relacionados ao ESG por parte das empresas na qual elas colocam o seu "rico dinheirinho".

Vejam como os três parágrafos da carta de Larry Fink estão bem em sintonia com tudo o que vimos até agora neste livro. Vou destacar em negrito alguns pontos para vocês recordarem:[2]

"Como gestora de ativos, a BlackRock investe em nome dos clientes, e eu estou escrevendo para você como consultor e responsável fiduciário desses clientes. O dinheiro que gerimos não é nosso. Pertence a pessoas em dezenas de países que buscam seus objetivos financeiros de longo prazo, como a aposentadoria. Temos uma **grande responsabilidade perante essas instituições e indivíduos** — que são acionistas da sua empresa e milhares de outros — de fomentar a **geração de valor** no longo prazo.

As **alterações climáticas** tornaram-se um fator decisivo nas perspectivas das empresas em longo prazo. Em setembro do ano passado, quando milhões de pessoas saíram às ruas para exigir medidas contra mudanças climáticas, muitos enfatizaram o impacto significativo e duradouro que elas terão no **crescimento econômico** e na prosperidade — um **risco** que, até agora, os mercados têm sido lentos em refleti-los. Mas a **consciência está mudando** muito rapidamente, e acredito que estamos à beira de uma mudança estrutural nas finanças.

As evidências sobre o risco climático estão **forçando os investidores a reavaliarem** os pressupostos básicos sobre as finanças modernas. Pesquisando uma vasta gama de organizações — incluindo o Painel Intergovernamental sobre Alterações Climáticas da ONU, o *BlackRock Investment Institute* e muitos outros, juntamente com novos estudos da McKinsey sobre as consequências socioeconômicas do risco climático físico — está aprofundando a nossa compreensão de como o risco climático irá impactar tanto o nosso mundo tangível como o sistema global que financia o crescimento econômico."

Assim alguém poderia se perguntar: **"Ah, mas qual o poder de uma carta dessas?"** Primeiramente que o simples fato de ser a maior gestora de ativos do mundo e ter como clientes grandes empresas do mundo, e também brasileiras, já seria um foco de atenção por parte do mercado corporativo.

A verdade é que, todo início de ano, parte do mercado fica ansioso por um evento que marca o segmento de sustentabilidade corporativa, pelo menos desde 2018: aguardar e estudar a carta anual de Larry Fink para seus CEOs. Quem atua com sustentabilidade/ESG e ainda não adotou esse hábito, deveria fazê-lo. E por quê? Porque nela estão alguns dos principais elementos que serão trabalhados pelas principais empresas do mercado ao longo do ano. E isso ocorre porque a carta do executivo Larry Fink é direcionada aos CEOs das empresas destinatárias dos US$10 trilhões que sua empresa, a BlackRock, investe em nome de seus clientes. No Brasil, constam na carteira da gestora as principais empresas do país. E os CEOs dessas organizações levam em consideração o conteúdo da carta anual, o que faz dela um farol, guiando como as empresas devem navegar no mercado ESG, ainda a ser mais bem desbravado.[3]

Uma das novidades da carta de 2022, por exemplo, foi a menção à emergência do "capitalismo *stakeholder*". Esse tema já vem sendo fortemente abordado pelo Fórum Econômico Mundial, sendo foco dos últimos encontros de Davos e, continuamente, disseminado por seu fundador Klaus Schwab. Nessa nova visão do capitalismo, as empresas devem expandir seu objetivo de **geração de valor** para os acionistas e para todas as suas partes interessadas, inclusive colaboradores, comunidades locais, fornecedores, entre outras. Uma vez que vemos empresários e gestores de fundos defendendo a tese, podemos inferir que existe uma compreensão de que essa mudança é relevante para promover a perenidade das empresas no mercado e de sua capacidade de geração de valor.[3]

O capitalismo *stakeholder* trabalha para todas as partes interessadas. No mundo interconectado global de hoje, as empresas buscam criar valor para sua gama completa de *stakeholders*, a fim de proporcionar valor em longo prazo para os acionistas. A carta também anuncia que a BlackRock está lançando um Centro para o Capitalismo *Stakeholder*, a fim de explorar ainda mais a **relação entre o engajamento dos *stakeholders* e o valor para os acionistas.** A convicção da gestora de ativos é que as empresas têm melhor desempenho quando são deliberadas sobre seu papel na sociedade e agem no interesse de seus funcionários, clientes, comunidades e acionistas.[4]

Os principais temas abordados por Fink em sua carta de 2022 foram:[4]

1. **Um novo mundo de trabalho**
   Nenhum relacionamento foi alterado mais pela pandemia do que aquele entre empregadores e funcionários. Funcionários em todo o mundo estão buscando mais de seu empregador. As empresas que criam ambientes melhores e mais inovadores para os trabalhadores estão vendo níveis mais baixos de rotatividade e maiores retornos.
2. **Novas fontes de capital que estimulam a disrupção de mercado**
   Uma explosão na disponibilidade de capital durante as últimas quatro décadas está alimentando um cenário dinâmico de inovação com uma grande quantidade de *start-ups*, tentando destronar os líderes de mercado.
3. **Capitalismo e sustentabilidade**
   Todas as empresas e todos os setores serão transformados pela transição para um mundo de emissão zero. E não são apenas as *start-ups* que podem e vão incomodar os setores. Incumbentes ousados também podem e devem fazer isso. Ao mesmo tempo, governos e empresas devem assegurar que as pessoas continuem a ter acesso à energia confiável e acessível.
4. **Empoderamento de clientes com escolhas de voto em ESG**
   Muitas pessoas estão repensando seus relacionamentos com as empresas, como os acionistas e investidores. Tem-se um interesse crescente entre os acionistas na governança corporativa de empresas públicas.

Outros assuntos também são corriqueiramente mencionados em suas cartas e que já foram abordados neste livro, como:[2]

1. **Risco climático é risco de investimento**
   Como fiduciários, nossa responsabilidade é auxiliar os clientes a navegarem nessa transição. Nossa convicção de investimento

é que os portfólios integrados com a sustentabilidade e clima podem proporcionar melhores **retornos ajustados ao risco** para os investidores. E, dado o crescente impacto da sustentabilidade no retorno dos investimentos, acreditamos que a base mais forte para os portfólios dos nossos clientes no futuro é o **investimento sustentável.**

2. **Maior transparência para os acionistas**
Acreditamos que todos os investidores, juntamente com os reguladores, as seguradoras e o público, precisam de uma imagem mais clara de como as empresas estão lidando com questões relacionadas com a sustentabilidade. Esses dados devem ir além das questões climáticas e se estenderem a questões sobre como cada empresa contribui — como é a diversidade de sua força de trabalho, a sustentabilidade de sua cadeia de suprimentos ou como protege os dados de seus clientes. As perspectivas de crescimento de cada empresa são indissociáveis da sua capacidade de operar de forma sustentável e servir todo o conjunto de partes interessadas.

3. **Capitalismo responsável e transparente**
Ao longo dos 40 anos da minha carreira em finanças, testemunhei uma série de crises e desafios financeiros — os picos da inflação dos anos 1970 e início dos anos 1980, a crise da moeda asiática em 1997, a bolha *dot-com* e a crise financeira global. Mesmo quando esses episódios duraram muitos anos, todos eles foram, no amplo contexto das coisas, de curto prazo. **As mudanças climáticas são diferentes.** Mesmo que apenas uma fração dos impactos projetados seja realizada, essa é uma crise muito mais estrutural, de longo prazo. Empresas, investidores e governos devem se preparar para uma realocação significativa de capital.

É necessário, portanto, que as organizações privadas e públicas "acordem" para a necessidade imediata de seguirem práticas ESG. No entanto ainda há muita dificuldade de alguns setores em realmente enxergarem a importância de tais práticas.

A Federação do Comércio de Bens, Serviços e Turismo do Estado de São Paulo (FecomercioSP) é a principal entidade sindical paulista dos setores de comércio e serviços. Responsável por administrar — no Estado de São Paulo — o Serviço Social do Comércio (Sesc) e o Serviço Nacional de Aprendizagem Comercial (Senac), a FecomecioSP representa um segmento da economia que mobiliza mais de 1,8 milhão de atividades empresariais de todos os portes, congregando 136 sindicatos patronais que respondem por 30% do PIB paulista — cerca de 10% do PIB brasileiro — gerando em torno de 10 milhões de empregos.[5] Uma pesquisa da FecomercioSP mostrou que as práticas ESG ainda precisam avançar muito no comércio e que há uma falsa percepção entre os comerciantes de que suas operações não têm impacto significativo no meio ambiente.[6]

De acordo com a pesquisa realizada pelo Comitê ESG da FecomercioSP, a maior parte dos pequenos e médios comerciantes (46%) considera o aspecto **social** do ESG o quesito mais relevante para o seu negócio. O estudo ouviu 100 empresas do comércio na capital paulista. A porcentagem das empresas que consideram o aspecto social o mais importante superou as perspectivas ambiental e de governança (ambos com 27%). No que diz respeito à vizinhança, 43% também afirmaram ter impacto positivo. Com relação às práticas adotadas para o bem-estar social, embora 53% informaram não realizar nenhuma ação, entre os que adotam, 21% disseram fazer contribuições financeiras (exceto para causas políticas), enquanto a mesma porcentagem (21%) faz parcerias com organizações beneficentes ou participação em organizações comunitárias. Por fim, 11% apontaram, como prática, os investimentos na comunidade.[6]

Quase um quarto dos entrevistados apontou a falta de conhecimento como barreira para adoção dos critérios ESG, além da necessidade de incentivos governamentais. Em razão disso, a maioria informou não ver necessidade em adotar nenhuma ação, sendo 35% para os aspectos ambiental e social, e 34% para governança.[6]

No quesito **governança**, quando avaliadas as ações para gestão de pessoas, 71% das empresas afirmaram terem trabalhadores formalizados, seja pelo regime CLT (Consolidação das Leis Trabalhistas), seja por contrato laboral. Entre os comércios com mais de 50 funcionários, 70% oferecem oportunidades de contratação e desenvolvimento de carreira de forma isonômica a todas as pessoas, com atenção às suas peculiaridades e características. No que diz respeito às práticas relacionadas aos direitos humanos (inclusão e diversidade), 62% dos comércios disseram adotar medidas que promovam o trabalho decente, tratando os colaboradores de forma respeitosa. Quando perguntados sobre a adoção de medidas para impedir e reparar situações de assédio ou violações, 45% dos negócios afirmaram exercer ações nesse sentido.[6]

Com exceção do uso de lâmpadas de LED (91%) e da gestão de resíduos sólidos (48% fazem a triagem dos recicláveis e 27%, a substituição de descartáveis), as empresas têm baixo desempenho na adoção de boas práticas **ambientais**. Em relação às barreiras, assim como nos demais quesitos, as mais destacadas foram desconhecimento de parceiros aptos a colaborar (33%), insuficiência de recursos financeiros (30%) e necessidade de incentivos governamentais (27%). A falta de percepção de que causam impactos ambientais negativos se confirma na avaliação das empresas sobre os efeitos gerados com suas operações: 97% declararam não produzir impactos negativos em relação às mudanças climáticas; 95%, à poluição do solo, escassez de recursos naturais e de água; 96%, à poluição da água; e 93%, à poluição do ar. Como consequência do desconhecimento, nenhuma monitora as emissões de gases de efeito estufa.[6]

5.2 ESG é um tema que veio para ficar na agenda corporativa

Anteriormente, vimos que o conteúdo das cartas de Larry Fink, *chairman* e CEO da BlackRock, maior empresa de gestão de ativos no mundo (US$6,9 trilhões sob sua administração), surpreendeu muita gente e se tornou um marco para as discussões de sustentabilidade, responsabilidade e legado dos negócios. A carta de janeiro de 2018, por exemplo, foi intitulada *Um Senso de Propósito* e tratava do papel do setor privado no desenvolvimento de soluções para desafios da sociedade e do planeta. Seu objetivo era mostrar perspectivas e conselhos não só para os presidentes das companhias investidas por sua organização, mas também a todos os interessados nos rumos da economia.[7]

No Brasil, as companhias que possuem investimentos da BlackRock têm o mesmo desafio de, por exemplo, serem capazes de descrever sua estratégia de crescimento em longo prazo, implementada com o envolvimento do conselho de administração que, por sua vez, deverá saber, mais claramente, como supervisionará os desdobramentos desse plano. Além das questões de governança, as empresas deverão conseguir explicar seus impactos positivos e negativos na comunidade e no meio ambiente; seus esforços para promover um corpo de colaboradores diverso; seu empenho em acompanhar mudanças culturais e tecnológicas, entre outras questões ligadas a um futuro mais sustentável.[7]

E Larry Fink não está sozinho.

Em agosto de 2019, na mesma linha de Fink, 181 CEOs das principais empresas norte-americanas, que formam a associação *Business Roundtable*, anunciaram uma transformação radical na maneira como suas corporações entendem a ideia de propósito e responsabilidade social. Até então, por mais de 20 anos, disseminou-se que a missão de uma companhia era, acima de tudo, maximizar os lucros para os acionistas; agora, essas organizações, que juntas somam mais de 15 milhões de funcionários e US$7 trilhões de faturamento anual, defendem que uma empresa deve entregar valor aos clientes, investir no desenvolvimento e bem-estar dos funcionários, lidar de forma justa e ética com fornecedores, apoiar as comunidades do entorno e gerar valor — em longo prazo, como propõe a BlackRock — para os acionistas.[7]

Nesse mesmo contexto, um estudo feito pela Associação Brasileira de Comunicação Empresarial (Aberje) apontou que 95% das empresas brasileiras têm o tema de ESG como prioridade em suas agendas corporativas. Os dados também mostram que a área tem sido tratada de forma mais estratégica pelas organizações e 67% delas possuem estrutura formal responsável pelo acompanhamento e gestão dessas questões. Dessas organizações, 51% se reportam diretamente à presidência da empresa, aponta a Aberje.[8]

A pandemia da Covid-19 deu certo impulso à agenda de sustentabilidade dentro das empresas: 58% das organizações que responderam à pesquisa afirmaram que a pandemia as fez acreditar mais fortemente que se tornar sustentável é importante. Para 62% delas, o objetivo é causar impacto positivo tangível para a sociedade, enquanto 24% esperam atender as expectativas dos investidores.

Dentro das iniciativas de ESG que as empresas já possuem, estão ações de **diversidade e inclusão** (D&I) e sustentabilidade. Desse modo, 83% das empresas respondentes afirmaram ter programas de D&I, e os dois pilares mais trabalhados por elas são o de pessoas com deficiência -— adotado por 75% das organizações — e identidade de gênero, por 71%. Já em relação às ações de **sustentabilidade**, 92% das organizações possuem programas de minimização e reciclagem de resíduos; 86% de uso e conservação da água, e 63% das empresas consultadas utilizam os Objetivos de Desenvolvimento Sustentável (ODS) da ONU, para definir suas metas de desempenho corporativo. Dentre os fatores da sigla ESG, a governança é o ponto mais importante para as empresas, seguido pelo fator ambiental e, por fim, o social.[8]

Em relação aos principais obstáculos para implementar projetos de ESG, a limitação de fundos foi apontada como a principal dificuldade por 35% dos entrevistados. Para 28% deles, o problema está na falta de uniformidade de compreensão dos termos de sustentabilidade entre as partes interessadas e, para 27%, o principal obstáculo é a dificuldade em mensurar o desempenho e quantificar os benefícios de projetos.

De acordo com a pesquisa, apenas 15% das empresas participantes mensuram ações relacionadas ao ESG. A pesquisa "ESG e sua Comunicação nas Organizações do Brasil" foi respondida por 79 empresas, entre associadas e não associadas da Aberje, como Arcos Dorados, BRF e Intel. Assim, 90% das respondentes são organizações privadas, sendo 58% multinacionais. Entre os setores, a maior prevalência é de empresas de energia (11%), seguidas por veículos e peças, transporte e logística, ambas com 8%.[8]

Por sua vez, um estudo do *IBM Institute for Business Value* (IBV) identificou que sustentabilidade, em especial, quando relacionado às práticas ESG, constitui a prioridade para a maioria dos principais executivos do país. O estudo anual entrevistou mais de 3 mil CEOs no mundo todo e apontou que 48% dos entrevistados no Brasil classificam a sustentabilidade como uma prioridade máxima para suas empresas, um aumento de 65% desde 2021. No entanto, 50% dos CEOs entrevistados da América Latina também mencionam que a sustentabilidade está entre seus maiores desafios a serem enfrentados nos próximos dois a três anos. E, embora 68% dos CEOs brasileiros relatem a realização de algumas ações e iniciativas de sua estratégia de sustentabilidade, apenas 24% deles dizem executar essa implementação em toda a empresa.[9]

Para o *head* da IBM Consulting, Marco Kalil, o tema sustentabilidade está cada vez mais latente nas empresas brasileiras e deve continuar ganhando visibilidade nos próximos cinco anos. "Muitos CEOs entrevistados na América Latina, inclusive, trabalham com o tema como uma oportunidade única na carreira, passível de transformar as organizações. E o tema, invariavelmente, passa pela transformação digital, já que 30% dos CEOs entrevistados no Brasil identificam barreiras tecnológicas na busca de implementar sustentabilidade nas suas empresas", explica. "O estudo mostra claramente que os CEOs na América Latina estão comprometidos em tirar do papel suas estratégias de sustentabilidade, em um nível muito semelhante aos seus colegas em outras regiões", citando Luis Fernando Padilla, *general manager* de IBM Consulting na América Latina. "No entanto, os desafios relacionados a um ROI (retorno sobre investimento) incerto, falta de *insights* de dados e barreiras tecnológicas estão dificultando e desacelerando os avanços e o alcance de seus objetivos."[9]

De acordo com o CEO do Banco do Brasil e participante do estudo da IBM, CEOs transformacionais e operacionais enxergam a sustentabilidade como uma oportunidade de negócio e, assim, criam e implementam estratégias que se difundem pela empresa. "Incorporamos a sustentabilidade em nossa estratégia corporativa e, por isso, ela está presente na dinâmica do nosso cotidiano, refletindo na estratégia de negócios, gestão de riscos e planos operacionais de nossas unidades", explica. Os entrevistados indicam que os investimentos em sustentabilidade por parte dos CEOs mais do que dobrou como uma porcentagem da receita ao longo dos últimos 5 anos. Dessa maneira, 73% dos entrevistados no Brasil estão confiantes de que alcançarão suas metas de sustentabilidade, e apenas 20% dos CEOs do país acreditam que não seria possível alcançar as metas anunciadas pelo governo para o seu setor.[9]

5.3 ESG é a pauta principal de investidores individuais e gestoras de ativos

Não bastasse a pressão advinda da BlackRock, maior gestora de ativos do mundo, um dado da consultoria e auditoria PwC (antiga PricewaterhouseCoopers) aponta que, agora, atitudes ESG são decisivas para os principais investidores do mundo. A instituição afirma que "empresas sem ações sustentáveis concretas correm risco de perder metade dos investidores".[10]

As atitudes de sustentabilidade das companhias com ações em bolsa são decisivas para os principais investidores do mundo, conforme um estudo da consultoria e auditoria PwC, divulgado em primeira mão para o Valor Investe. O levantamento captou as avaliações de 325 gestores de ativos e analistas de bancos, corretoras e empresas de investimentos globais. Quase metade, 49%, afirma que está disposta a vender os papéis das empresas que não demonstrarem ações concretas com foco em ESG. A maioria, 79%, diz que os riscos de sustentabilidade são um fator importante na tomada de decisão de investimento.[10]

Logo: "Para os investidores, o que começou como uma forma de medir o desempenho ambiental, social e de governança de uma empresa para fins de mensuração de risco, agora é uma grande força motriz da estratégia de investimento", afirma a consultoria, em relatório. A maioria, 75% dos gestores e analistas pesquisados, afirma que acha que vale a pena as companhias sacrificarem a lucratividade de curto prazo para lidar com questões ESG. "Essas descobertas devem dar algum conforto às empresas que podem temer que os investidores criticassem as reduções no lucro por ação", diz a PwC.[10]

Por outro lado, um percentual parecido, 81%, afirma que só estaria disposto a aceitar um corte de um ponto percentual, ou menos, no retorno do investimento. Quase metade, 49%, não está disposto a aceitar qualquer redução em troca. Essas descobertas não são surpreendentes, conforme a consultoria: "Os investidores operam em mercados competitivos, em que o capital persegue retornos e os de baixo desempenho são eliminados", diz a PwC.

Um dos analistas entrevistados observou que os gestores têm um dever com os cotistas e não podem priorizar questões sociais sobre o retorno dos investimentos. Mesmo assim, os investidores entrevistados esperam que a sustentabilidade seja uma parte central da estratégia das companhias: 68% acham que as medidas e metas de desempenho ESG devem ser incluídas nos acordos de remuneração dos executivos, e 66% acreditam que as empresas que estão no topo dos *rankings* de sustentabilidade são aquelas em que alguém da diretoria é o responsável pela agenda. A diminuição das emissões de gases de efeito estufa é a questão mais citada (69%) que os gestores e analistas pesquisados acham que as companhias deveriam priorizar, seguida pela garantia da saúde e segurança dos trabalhadores (44%) e pela melhora da diversidade, equidade e inclusão dos executivos (37%).[10]

Além das informações mostradas anteriormente, o estudo ainda aponta uma série de deficiências nos relatórios de sustentabilidade atuais das companhias. Apenas 33% dos investidores entrevistados acham que a qualidade dos relatórios é boa o suficiente. Eles carecem de informações comparáveis, completas e relevantes, de acordo com os gestores e analistas. Assim, é difícil diferenciar o desempenho das empresas ligado a ESG — tornando as decisões de alocação de capital difíceis. Na ausência de ações reais e de uma comunicação mais transparente, os gestores e analistas pesquisados afirmaram que estão dispostos a agir, se necessário: 77% se mostram abertos a dialogar com as companhias, 59% votaram contra os acordos de pagamento de executivos e 58% buscaram incluir metas de sustentabilidade na remuneração dos executivos.[10]

O estudo da consultoria não tem um recorte de Brasil, mas o sócio da PwC Brasil afirma que as companhias da bolsa brasileira sem ações sustentáveis concretas também correm o risco de perder investidores. "Tenho certeza que empresas brasileiras têm riscos de perder investidores, até porque muitas têm vínculo com o exterior. Esse movimento ESG está vindo de todas as formas e lugares diferentes. Está bem claro que há uma cobrança muito grande", diz.

No entanto o executivo ressalta que as companhias gostam de contar que estão fazendo algo, mas que a ausência de ações concretas e de uma comunicação mais transparente nos relatórios ainda é um problema no Brasil. "Falta consistência nas informações hoje. Sem medições, não conseguimos controlar as iniciativas. Os compromissos devem estar refletidos nos balanços", afirma. "Acho que tem muito mais a ser feito, especialmente no Brasil". Ainda segundo o sócio da consultoria, iniciativas de sustentabilidade são de longo prazo. Ou seja, esse não é assunto de interesse dos *day traders*, como são chamados os investidores que compram e vendem ativos no mesmo dia. Assim, à medida que os brasileiros entenderem que ações são investimentos de longo prazo, também compreenderão mais a importância dos investimentos ESG, na visão dele.[10]

E um termômetro de como estar alinhado com as práticas ESG afeta a percepção dos investidores foi demonstrado com o ocorrido com o empresário e bilionário Elon Musk, fundador da Tesla, Space X e dono do Twitter. Após declarar posição política e criticar o ESG, Musk perdeu US$12,3 bilhões em um dia após taxar como "farsa" os critérios de sustentabilidade.[11]

O bilionário teceu críticas ao ESG após a Tesla, sua empresa de veículos elétricos, ter sido removida do S&P 500 ESG Index, índice que mede o desempenho de ações com características ambientais, sociais e de governança superiores à média, enquanto manteve a petroleira ExxonMobil no índice. "A Exxon é classificada como as dez melhores do mundo em meio ambiente, social e governança (ESG) pelo S&P 500, enquanto a Tesla não entrou na lista! O ESG é uma farsa. Foi armado por falsos guerreiros da justifiça social", disparou Musk. A exclusão da Tesla, no entanto, foi justificada pela ausência de uma estratégia de baixo carbono detalhada e pelas recentes acusações de discriminação racial e condições precárias de trabalho em suas fábricas. Horas depois, o empresário utilizou novamente sua rede social para se posicionar politicamente a favor dos "republicanos".[11] A reação do mercado foi quase que imediata. No fim, as ações da Tesla fecharam em queda de quase 7% em meio aos discursos inflamados de Musk.

É evidente que dentro do ESG, algumas vezes, a dimensão "ambiental" se sobressai mais em relação às dimensões "social" e de "governança". Outras vezes, será a "social" que irá se destacar e, por fim, em outras, será a de "governança". Não se pode achar que o ESG é uma "receita de bolo" única para qualquer tipo de corporação. Há de se considerar suas especificidades, ramos de atuação e os *stakeholders* mais diretamente envolvidos com a companhia.

Os próximos tópicos vão mostrar situações em que **algumas dimensões se sobressaem** em relação às outras, o que não impede, claro, que elas também **coexistam**. É importante que vocês tenham esse entendimento. Portanto, acredito que esses exemplos poderão servir de referência para os Gestores de ESG e demais interessados.

5.4 O que tem acontecido em termos de "responsabilidade ambiental" (primeiro pilar do ESG) e que pode servir de referência para o Gestor de ESG?

Eu sempre gostei de tomar café, o que foi potencializado quando me mudei, ainda criança, para Minas Gerais, vindo do Rio de Janeiro. E mantive esse costume mesmo depois de mais de uma década morando aqui no Rio Grande do Sul, que é a terra do chimarrão (que também bebo). Seja o café tradicional passado em coador de pano ou de papel, ou mesmo o café solúvel, ali sempre estava a bebida em meus momentos de estudo, trabalho e lazer.

Um tempo depois, descobri que havia as máquinas que utilizavam cápsulas de café e eu logo me interessei. Meu primeiro pensamento foi: *Que legal, basta colocar uma cápsula na máquina e uma xícara de café fica pronta em poucos segundos.* Mas e o lixo gerado pela cápsula feita de plástico? Isso me incomodava bastante e sempre foi a razão para eu nunca comprar tal máquina.

Como alguém que trabalha com sustentabilidade há anos, escreve livros sobre o assunto e ministra aula em graduação e pós-graduação poderia ter uma máquina dessas? Seria certamente algo contraditório.

Sendo assim, o lixo gerado pelo descarte das cápsulas feitas de plástico sempre foi um desafio para quem gostaria de uma opção mais sustentável. Por essa razão, muitos consumidores deixaram de adquirir tais máquinas na esperança de um dia haver uma solução mais inteligente e ambientalmente responsável. Os cafés em cápsulas individuais têm gerado muita polêmica em relação ao desperdício de materiais para a fabricação e quantidade de resíduos descartados.

Fui pesquisar para ver se haviam algumas alternativas às poluidoras cápsulas de plástico e, para minha felicidade, elas existiam; no entanto, apenas fora do Brasil. Era decerto uma informação que passei a usar em sala de aula e também em materiais que eu escrevia, mas não resolvia meu problema como consumidor de café.

Uma empresa canadense chamada Club Coffee, por exemplo, criou o PurPod100, uma cápsula 100% biodegradável. A embalagem foi desenvolvida em parceria com os pesquisadores da Universidade de Guelph, no Canadá, e é certificada por organizações canadenses e norte-americanas.

A empresa garante ser a única a oferecer cápsulas totalmente biodegradáveis no mundo.

Enquanto as embalagens tradicionais são feitas com plástico ou alumínio, a PurPod100 é feita com o próprio resíduo do café. As cascas retiradas no processo de torra formam um bioplástico, que é a base para a cápsula. Isso significa que não são necessárias novas matérias-primas e este é o segredo para que sejam biodegradáveis. A Club Coffee garante que as cápsulas podem ser descartadas junto com os resíduos orgânicos ou usadas na compostagem, já que possui nutrientes que colaboram com o desenvolvimento das plantas. Em apenas 84 dias, o solo já não tem mais nenhum traço aparente da cápsula.[12]

No site da empresa, eles explicam por que a reciclagem das tradicionais cápsulas plásticas acaba não sendo 100% conveniente, pois geralmente é necessário cortar a sua tampa, colocar o pó de café quente em um recipiente de compostagem, lavar o resto da cápsula e jogar o que sobrou da embalagem em um contentor de reciclagem. "Diversos tipos de plástico e outras substâncias em sua composição tornam essas embalagens não recicláveis, e elas levarão séculos para se decompor", afirmam. Considerando que no Brasil apenas 3% do lixo reciclável é, de fato, reciclado, a alternativa sustentável da Club Coffee seria uma novidade positiva para os apreciadores de café.[12]

Com o tempo, a novidade também chegou ao Brasil, embora usando uma matéria-prima diferente da empresa canadense. Além da tecnologia que já existe das cápsulas feitas a partir do próprio resíduo do café, descobri que agora era possível que elas fossem feitas de papel.

Então fui pesquisar a relação da primeira máquina de cápsula de papel da Nestlé com a importância da Agenda ESG para a empresa. Acabei conhecendo um pouco sobre a própria história das máquinas que utilizam cápsulas.

Descobri que, criado nos anos 1980, o café em cápsula se tornou um fenômeno nos anos 2000. A entrada da China no mercado internacional barateou as máquinas e a publicidade ajudou: o ator George Clooney virou o garoto-propaganda da Nespresso, em 2006, vendendo luxo e exclusividade, e os comerciais da Dolce Gusto miraram na praticidade. Porém o questionamento dos consumidores, entre os quais brasileiros, sobre a destinação das milhões de embalagens coloridas após a realização do café, ressoou na sede da Nestlé em Vevey, na Suíça. Paralelamente, na década de 2020, o mercado passou a se direcionar para o ESG, com grandes fundos globais desprezando marcas poluidoras do planeta.[13]

Era entendido pelo mercado que, se a Nestlé aumentou o problema (com o lixo gerado pelas cápsulas de plástico), então ela precisava encontrar uma solução.

A empresa já havia sentido o impacto anos antes, em 2012, quando a patente da cápsula havia sido quebrada em tribunais europeus e dezenas de concorrentes da Nestlé lançaram as próprias linhas, inclusive com modelos mais sustentáveis. Com o volume gerado por tantas cápsulas sendo produzidas, o lixo aumentou e as proibições foram estendidas a outras partes da Europa e, também, do mundo. Em 2016, por exemplo, a cidade de Hamburgo, na Alemanha, havia proibido as cápsulas feitas de plástico.[13]

No ano de 2018, uma investigação do Greenpeace listou a Nestlé como a terceira maior empresa com volume de plástico encontrado no litoral de 42 países. Para amenizar o problema, a companhia criou um programa em que as cápsulas eram recolhidas em cooperativas e pontos de coleta localizados em lojas da Nespresso, especialmente na região Sudeste, o principal mercado brasileiro. "Também estamos ampliando o envio gratuito pelos Correios", afirmou a gerente de ESG para cafés e bebidas da Nestlé Brasil.[13]

Segundo a gerente, o material é recolhido juntamente com as sacolas plásticas onde são depositadas, garantindo que as cápsulas concorrentes também sejam recicladas sem qualquer discriminação por parte da empresa. No entanto, para que o programa tenha sucesso, é necessário contar com a boa vontade do consumidor que toma café, pois, além de separar as cápsulas, ele precisava ter tempo e paciência para guardá-las e despachá-las nos Correios mais próximo sempre que juntava certa quantidade de resíduos.[13] Certamente, isso deve ter desestimulado muitos consumidores.

As cápsulas de plástico da Nespresso, por exemplo, são em maior parte de alumínio, material mais valorizado e, consequentemente, mais reutilizado pela indústria. As cápsulas da Dolce Gusto, por outro lado, são feitas principalmente de plástico, que é reciclável, mas menos valorizado.

E o novo modelo de cápsulas, o Dolce Gusto Neo, é feito de papel e um polímero biodegradável.[13]

E qual o problema do plástico? Estudos identificaram que o plástico comum se fragmenta no oceano em microplásticos, pedaços de plástico ingeridos por seres marinhos e humanos com efeitos tóxicos. As descobertas aumentaram a discussão internacional em relação ao plástico, o que também pressionou as grandes fabricantes, como a Nestlé.[13]

Além de contar com a "boa vontade" do consumidor, alguns estudiosos e ambientalistas defendem que a reciclagem é incapaz de acompanhar o ritmo da produção das grandes empresas, especialmente do plástico. "Os dados são claros: praticamente a maior parte do plástico não é reciclável", defendeu uma ativista do Greenpeace norte-americano com base em um estudo britânico que mostra que, das 39 mil cápsulas de café produzidas no mundo a cada minuto, 29 mil vão parar em lixões e aterros. E não apenas as cápsulas de plástico da Nestlé são alvo dos ambientalistas, mas também os produtos e embalagens de empresas, como Coca-Cola, PepsiCo e Unilever.[14]

A Nestlé ficou acuada e teve que se mexer. Desse modo, a multinacional anunciou um investimento de R$300 milhões em uma fábrica de Montes Claros, Minas Gerais, para produzir a primeira cápsula de papel para a Dolce Gusto, uma de suas marcas. Foram **5 anos de desenvolvimento** em meio a uma década de urgências ambientais cada vez mais graves.

Em novembro de 2022, finalmente a Nestlé lançou uma nova cafeteira e uma nova linha de cápsulas, chamada Dolce Gusto Neo. A máquina funciona apenas com cápsulas feitas de papel e que poderão ser depois descartadas em sistemas de compostagem. A ideia é que a cápsula biodegradável resolva um dos problemas desse segmento, que é a produção de lixo, uma vez que as tradicionais são feitas de plástico e alumínio.[15]

Com foco na sustentabilidade, desde o desenvolvimento das cafeteiras até o pós-consumo das cápsulas, o sistema NEO é resultado de **5 anos de pesquisas inovadoras**. Além da máquina inteligente, que se conecta ao celular, a perfeição do preparo e a qualidade das bebidas são diferenciais inéditos no segmento. "NEO é o futuro do sistema de cápsula", afirma o CEO da Nestlé Brasil. "Tornar a sustentabilidade escalável é o grande desafio da indústria. E NEO é um marco tecnológico de baixo impacto ambiental negativo que privilegia a experiência do café, com foco na alta qualidade, do cultivo à xícara final. Trata-se de uma evolução sem precedentes", completa o CEO.[16]

Feitas com papel certificado pela organização não governamental FSC *(Forest Stewardship Council)* e um polímero biodegradável compostável, a cápsula protege o café de alta qualidade da oxidação e garante a extração perfeita. Além disso, as cápsulas de NEO foram criadas para se decompor ao exemplo das cascas de fruta: de forma natural e em cerca de seis meses. Possuem os selos *OK Compost Home* e *OK Compost Industrial*, que comprovam sua compostagem doméstica e industrial pela certificadora ambiental TUV Áustria.[16]

Usando a chamada tecnologia *SmartBrew*, a máquina é capaz de identificar qual cápsula foi inserida em seu compartimento e ajustar parâmetros diferentes para extrair o café de forma perfeita, incluindo quantidade e temperatura da água e tempo de processamento. Vindo de fazendas localizadas no Cerrado Mineiro, Sul de Minas e Espírito Santo, o café Nescafé Dolce Gusto Neo é 100% certificado por sistemas líderes no mundo para o cultivo e processamento sustentável de café, como o Código Comum para a Comunidade Cafeeira (4C), *AtSource*, *Rainforest Alliance*, entre outros.[16]

Ao passo que as cápsulas de NEO são compostáveis, feitas para desaparecer, as máquinas foram projetadas com foco na durabilidade. A partir do compromisso com a inovação sustentável de ponta a ponta, seu *design* resistente foi criado para 10 anos de uso. Cuidadosamente pensada a fim de evitar o desperdício e prezar pelo meio ambiente, cada máquina é feita com peças de alumínio e plástico reciclados e pode ser reparada com muito mais rapidez e facilidade que as comuns. Com desligamento automático, também garante consumo eficiente de energia. Compromissos ambientais da Nestlé, que é líder no mercado de café em cápsula e que, além da Dolce Gusto, também é dona da marca Nespresso. Com a nova cafeteira, a gigante alimentícia se estabelece no terreno dos produtos alinhados à Agenda ESG.[16]

As novas cápsulas de papel da Dolce Gusto Neo são vistas como um pontapé inicial nessa transição para produtos mais sustentáveis. Entretanto a Nestlé ainda tem dezenas de marcas, embaladas por plástico e outros materiais a serem repensadas e que vão de chocolates, achocolatados, leite condensado, suplementos, água mineral, café solúvel e até comida para *pets*.[13]

Se a Nestlé está na mira de investidores sintonizados com o ESG e, também, de diversos outros *stakeholders*, a situação da Unilever não é muito diferente. Um dos objetivos da companhia é repensar o uso de plástico em suas marcas. Ter uma gestão mais responsável de resíduos vai ao encontro de um movimento de maior conscientização ambiental dos consumidores e dos investidores. Uma de suas iniciativas foi o lançamento no mercado de sua primeira garrafa feita com resíduos de plástico recolhidos de praias do litoral brasileiro. Em uma ação conjunta com o grupo ambientalista WWF-Brasil, a empresa realizou mutirões com voluntários nas praias do Rio de Janeiro e Pernambuco, recolhendo 1,5 tonelada de plástico.[17]

Repensar o uso da matéria-prima plástico — que nos últimos anos virou uma espécie de vilão ecológico dado sua origem petrolífera e seus efeitos negativos quando descartado de forma inadequada no meio ambiente — é um movimento que tem ganhado apelo dentro da Unilever. A empresa persegue a meta de ter, em médio prazo, 25% de plástico reutilizado em todas suas embalagens.

Para atingi-la, está mobilizando todas suas marcas. Na categoria de cuidados pessoais, por exemplo, são os produtos para cabelos que iniciam a agenda de redução de resíduos sólidos, como o lançamento dos frascos do shampoo Seda Pretos Luminosos, feitos com pelo menos 1/3 de plástico reciclado pós-consumo e as novas embalagens de TRESemmé, que utilizam 20% menos plástico.[17] "O consumidor já está pensando de forma diferente e buscando produtos mais sustentáveis" diz Ana Paula Duarte, a diretora de *marketing* na Unilever. "Um estudo nosso global com 20 mil consumidores revelou que 54% querem comprar de forma mais sustentável, 33% já estão adotando marcas sustentáveis e 21% escolheriam marcas caso as metas de sustentabilidade fossem mais claras", destaca.

Segundo ela, as marcas com apelo mais sustentável da Unilever, que hoje são 22 marcas, tiveram um crescimento de 46% mais rápido do que o restante, gerando 70% do crescimento da companhia em 2017. Não à toa, as novas embalagens de OMO contarão com selos que indicarão que seus produtos têm impacto reduzido no meio ambiente. Uma gestão mais responsável de resíduos não apenas se alinha com a Política Nacional de Resíduos Sólidos — que determina que toda empresa tenha responsabilidade pelos produtos que podem se tornar resíduos sólidos — como também vai ao encontro de um movimento no mercado de maior conscientização ambiental.[17]

Mas movimentos desse tipo também são uma forma da empresa se adequar a outro tipo de pressão: um grupo de 25 investidores que administra mais de US$1 trilhão em ativos está exigindo que Nestlé, PepsiCo, Procter & Gamble e Unilever reduzam o uso de embalagens plásticas, consideradas prejudiciais por eles ao meio ambiente. A iniciativa foi organizada pelo *As You Sow*, um grupo sem fins lucrativos, formado por acionistas que pressionam as empresas a agir com responsabilidade. O pedido foi assinado por **gestoras de investimentos,** como Hermes Investment Management, Impax Asset Management, NEI Investments e Walden Asset Management.[18]

"Sem uma reformulação e uma inovação significativas, cerca de 30% das embalagens plásticas nunca serão reutilizadas nem recicladas", disseram os investidores em carta. "Esses materiais podem continuar no meio ambiente parcialmente degradados por centenas de anos, o que, além de prejudicar a vida marinha, pode causar um impacto concreto ao expor as empresas a danos à sua imagem e reputação". O grupo pede que as empresas divulguem o uso anual de embalagens plásticas, estabeleçam metas para a redução do uso de plástico, facilitem a reciclagem e façam uma transição para o máximo possível de embalagens recicláveis, reutilizáveis ou compostáveis.[18]

Os investidores afirmaram que querem convencer as empresas a manterem as promessas depois que cinco países do Grupo dos Sete, à exceção de EUA e Japão, adotaram o compromisso de reduzir significativamente o plástico de uso único até 2040. De forma similar, Nestlé, PepsiCo e Unilever prometeram usar mais embalagens recicláveis, compostáveis, biodegradáveis e com maior conteúdo reciclado até 2025.[18]

A Procter & Gamble (P&G) pretende reduzir suas embalagens plásticas em 20% no curto prazo e cerca de 90% de suas embalagens já são recicláveis. "Concordamos que devemos fazer parte da solução para reduzir os resíduos plásticos", afirmou a P&G em comunicado enviado por e-mail. Já a Nestlé, afirmou em um comunicado que: "temos em comum as preocupações em relação ao crescente acúmulo de resíduos de embalagens e a necessidade de fazer algo para minimizar o impacto negativo no meio ambiente". A empresa relatou que eliminou mais de 100.000 toneladas de materiais de embalagem de seus processos produtivos ao longo do ano passado por meio dos projetos ambientais existentes.[18]

Quando se fala em lixo jogado em rios, lagos, córregos ou mesmo em vias públicas, imediatamente me lembro de que, além de provocar a morte da vida aquática, esses resíduos também atraem pequenos roedores e insetos que são potenciais vetores de doenças que podem acometer a população das regiões próximas.

Assim, o descarte de resíduos em locais impróprios além de ser uma questão **ambiental**, também representa um problema **social**, muitas vezes, relacionado à saúde humana. E, por fim, revela o despreparo de organizações públicas e privadas para equacionar o problema do lixo, denotando grandes debilidades em termos de **governança.**

Por outro lado, vemos que a natureza age de forma mais sábia que o ser humano: um de seus "resíduos" caem das árvores, constituindo a chamada "serrapilheira", que é uma camada formada pela deposição dos restos de plantas (folhas, ramos) e acúmulo de material orgânico vivo em diferentes estágios de decomposição, que reveste superficialmente o solo ou o sedimento aquático. É a principal **via de retorno** de nutrientes ao solo ou sedimento. Podemos aprender com a natureza, fazendo com que os nossos resíduos (plástico, papel, metal, vidro etc) também **retornem** para a geração de novos produtos. E isso se chama **economia circular.**

A economia circular é, então, um conceito que busca o desenvolvimento econômico por meio de práticas sustentáveis. Esse conceito é alicerçado na ideia de que os resíduos podem ser insumos para a produção de novos produtos (igual na analogia da serrapilheira, descrita anteriormente). Ele repensa o modelo de produção e consumo atual e propõe um novo modelo baseado na lógica da própria natureza, onde não há o conceito de lixo. Por exemplo, na natureza, restos de frutas e outros alimentos que foram consumidos por animais acabam se tornando adubo para plantas. A economia circular funciona de forma semelhante, dando aos resíduos que antes seriam descartados uma nova utilidade. Após um produto chegar ao fim de sua vida útil, ele pode ter seu material reaproveitado ou reciclado. O nome "circular" vem justamente desse aspecto cíclico.[19]

As principais características da economia circular são a utilização dos recursos naturais de forma racional e responsável; redução do volume de resíduos; manutenção da vida útil dos produtos; minimização de impacto negativo no meio ambiente; e a reutilização e reciclagem de produtos. Seu objetivo é repensar os atuais hábitos de consumo e promover um melhor uso dos recursos naturais. Esse novo modelo busca estabelecer outro tipo de relação com os bens materiais, produzindo sem esgotar os recursos naturais e diminuindo a quantidade de lixo gerada. Com isso, criar um impacto positivo e preservar o planeta.[19]

A economia circular e a economia linear são opostas. No segundo tipo, o crescimento econômico ocorre por meio do consumo de produtos que eventualmente vão ser jogados fora quando não forem mais úteis para seu possuidor. Por isso, a economia linear não é boa para o meio ambiente, já que ela usa dos recursos naturais, que são limitados, de maneira desenfreada, para produzir cada vez mais e depois o que foi produzido com esse recurso é descartado após o fim de sua vida útil. Não há qualquer tipo de equilíbrio ou reparação aos danos causados à natureza. Já na economia circular, há intenção de reparar os danos ambientais causados e diminuir os impactos negativos. Os produtos não são vistos como algo obsoleto e já são projetados de forma a facilitar sua reutilização e reciclagem e diminuir a quantidade de lixo produzido.[19]

A logística reversa faz parte da economia circular. Pode-se dizer que a logística reversa é uma ferramenta ou método que pode ajudar na vida útil dos recursos. A logística reversa é um dos instrumentos para aplicação da responsabilidade compartilhada pelo ciclo de vida dos produtos.[20]

A implementação da economia circular começa desde as fases de extração dos recursos naturais e fabricação do produto. A extração dos insumos deve ocorrer de maneira consciente e respeitando os limites da natureza. Além disso, todas as decisões em relação à fabricação do produto devem ser tomadas levando em consideração o seu destino após o uso. Já na fabricação e nos processos de *design*, os produtos devem ser projetados de maneira a facilitar sua reutilização. É fundamental que eles sejam feitos com materiais recicláveis, e não perigosos (como substâncias tóxicas), e as empresas devem fazer sua parte para garantir a circularidade dos produtos.[19]

Um exemplo de empresa que já adota esse modelo é a Natura, que se compromete com a redução de resíduos de seus produtos. Sua meta é garantir a circularidade de suas embalagens até 2030. Algumas das ações da empresa que podem ser destacadas são: adoção do uso de refil nos seus produtos, o que contribui para a redução de resíduos gerados; uso de plástico verde; e programa de logística reversa, responsável por coletar embalagens descartadas e reciclá-las. No entanto, para esse sistema funcionar, é necessária também a colaboração do consumidor. O público consumidor precisa entender e assumir seu papel nesse ciclo e contribuir para a circularidade dos produtos. Isso envolve consumir de forma consciente, evitar o descarte desnecessário de bens, buscando utilizá-los ou passá-los para outra pessoa, e fazer reciclagem.[19]

A inovação e a tecnologia podem ajudar no equacionamento do problema dos resíduos. A Braskem, por exemplo, pretende colocar o plástico no radar de *designers* e profissionais criativos. Graças a seu novo laboratório, gratuito para clientes, a empresa espera criar **soluções circulares** de embalagens, usando matérias-primas que ela fornece. O objetivo é repensar todo o processo, da refinaria ao cliente.[21]

A solução é repensar o *design* das embalagens, levando em consideração a reinserção dos materiais. Soluções monomateriais são as mais indicadas, porém, dependendo das propriedades desejadas, podem ser inviáveis. Logo, parte-se para uma ideia mais holística, que considere no *design* a expectativa de uso e de descarte, possibilitando a criação de uma logística reversa a partir do consumidor. Não é um conceito novo, apenas pouco utilizado. "A Tetra Pak fez isso com as embalagens longa-vida", diz Yuri Tomina, executivo da petroquímica Braskem que está à frente de um projeto chamado "Cazoolo". Criadora desse tipo de embalagem, a empresa sueca atua junto à cadeia de reciclagem, comprando de volta as embalagens, o que gera valor comercial e incentiva o recolhimento do material.[21]

O programa Cazoolo, que é anterior à construção do laboratório, já produziu algumas embalagens sustentáveis. Ele ajudou no desenvolvimento das tampinhas usadas pela Ambev, na água engarrafada AME, produto que direciona o lucro a projetos sociais. A Mãe Terra, marca de produtos orgânicos que pertence à Unilever, desenvolveu junto à Braskem uma embalagem maleável monomaterial, para substituir as feitas de polipropileno e *pet*. "O mercado precisa entender a cadeia do plástico. Só vamos criar uma economia realmente circular se *designers*, engenheiros e profissionais do *marketing* estiverem na mesma página", afirma o responsável pelo programa da empresa[21].

No desenvolvimento de projetos visando à economia circular, um dos mais interessantes são iniciativas relacionadas a **produtos de segunda mão** (*second hand*, em inglês). E também há grandes empresas em projetos do tipo.

O grupo Arezzo&Co, por exemplo, adquiriu a *start-up* TROC, focada em economia circular, estratégia sustentável e ao *second hand*. A *start-up* atua como uma espécie de *hub* de economia circular para todas as marcas do grupo, que são a Arezzo, Schutz, Anacapri, Alexandre Birman, Fiever, Alme, Vans, Reserva e Baw Clothing. A ideia é, por meio da TROC, incentivar clientes mais arrojados a desapegar de seus pertences em um brechó *online* que compra e vende itens usados.[22]

Além da gestão dos resíduos, a qual há inúmeras outras iniciativas de sucesso, outro fator importante em responsabilidade ambiental é a **descarbonização da economia.**

A Ambev, por exemplo, se comprometeu a zerar suas emissões até 2040. Seu plano integra ações nas áreas de clima, água, agricultura e embalagem circular. O plano da companhia estabelece três frentes de atuação: engajamento do ecossistema de parceiros, soluções baseadas na natureza e foco no impacto local. As ações estão alinhadas ao *Science-based Target Initiative* (SBTi), principal padrão utilizado pelo mercado para perseguir a meta de conter o aquecimento global em 1,5 grau Celsius até 2050. Desde 2003, a Ambev reduziu em 63% as emissões de gases de efeito estufa. Atualmente, todas as unidades da empresa operam com energia renovável.[22]

Durante a COP26, Conferência das Partes, que discute, especialmente, mudanças climáticas, a Ambev já havia apresentado ações e soluções de sustentabilidade. Em uma delas, a empresa mostrou como os produtos de origem natural, como o guaraná, água e cevada são utilizadas de maneira responsável. "Não adianta só lançar um compromisso bonito sem gerar um impacto", diz o vice-presidente de sustentabilidade da Ambev.

Em setembro de 2021, a Ambev anunciou a primeira grande cervejaria "net zero" e a primeira maltaria **carbono neutro** do Brasil, após 90% de redução das emissões de CO_2 dessas unidades e a neutralização dos 10% remanescentes. Isso representa em torno de 9.700 toneladas a menos de CO_2 anualmente, o equivalente a 1.300 carros a menos nas ruas do Brasil.[23]

Ainda em relação à neutralização de carbono, em 2022, a Lojas Renner inovou e uniu moda e ESG em um desfile de sua nova coleção na Oca, no Parque Ibirapuera, em São Paulo. Com a volta dos desfiles após o período da pandemia, a companhia lançou sua nova linha Primavera em um evento fechado para 300 convidados. Para reafirmar o compromisso com a sustentabilidade da marca, a Lojas Renner fez questão de fazer com que o evento fosse sustentável em todas as pontas, com o objetivo de diminuir o impacto ambiental negativo do evento. De acordo com a empresa, foi utilizado um gerador à base de biodiesel, os materiais foram reaproveitados e os excedentes foram para *upcycling* — um reúso criativo de produtos. O desfile também não teve plásticos de uso único. Após o evento, a Renner também implementou medidas para **neutralizar todas as emissões de carbono** da operação para garantir o selo de "evento neutro".[24]

Já o Banco Itaú se uniu a outros oito bancos, criando uma "bolsa" para créditos de carbono. Em conjunto com essas instituições financeiras estrangeiras, eles estão investindo US$45 milhões no Carbonplace, uma rede que quer destravar o mercado, dando mais **transparência** à formação de preços e facilitando o acesso à compra e venda de compensações de gases de efeito estufa. A lógica foi unir potenciais geradores de crédito com os compradores. Enquanto o Brasil e a América Latina têm um amplo potencial para atender a demanda por crédito de carbono, necessária para atingir as metas do Acordo de Paris nas próximas décadas, os grandes compradores estão no Hemisfério Norte.[25]

Por sua vez, a divisão cargueira da LATAM Airlines, a LATAM Cargo, fez o primeiro voo internacional, utilizando **combustível sustentável**, em fevereiro de 2023. A aeronave, um Boeing 767-300F (N542LA), partiu de Zaragoza (ZAZ), na Espanha, para Nova York (JFK), nos Estados Unidos, em uma viagem que durou, aproximadamente, 7h55min. A operação objetivou alcançar a **neutralidade de carbono** até 2050, meta comum ao setor de aviação como um todo.[26]

O chamado Combustível de Aviação Sustentável (SAF, *Sustainable Aviation Fuels*, em inglês) é produzido com matérias-primas alternativas, como resíduos, gorduras, óleos, entre outros, que são coprocessados juntamente ao combustível convencional, resultando em um produto final sintético e com baixo teor de CO_2. Para a operação, foram utilizados 30 mil litros de SAF coprocessado com óleo de cozinha usado e incorporado ao combustível de aviação tradicional, segundo a companhia. Atualmente, é permitido utilizar até 5% de matéria-prima sustentável no coprocessamento desse SAF, que contribui para diminuir em cerca de 80% as **emissões de carbono** ao longo do seu **ciclo de vida** se comparado com o combustível de aviação convencional.[26]

Já que falamos de Zaragoza — cidade espanhola que eu tive a oportunidade de morar durante o pós-doutorado — a prefeitura da cidade aprovou seu plano de adaptação às mudanças climáticas, em abril de 2023, para melhorar a proteção da saúde de sua população, bem como dos efeitos à sua economia e ao meio ambiente.

O documento é intitulado *Plan de Adaptación al Cambio Climático de Zaragoza* (PACCZ-2030) e foi elaborado pelo "Serviço de Meio Ambiente e Sustentabilidade" em colaboração técnica de Cirne. O plano faz parte dos compromissos adquiridos pela prefeitura (*Ayuntamiento de Zaragoza*) dentro do Pacto Europeu das Prefeituras pelo Clima e Energia, complementando a missão das 100 cidades climaticamente neutras. O documento aprovado contempla 47 medidas em nove âmbitos diferentes: saúde, água, infraestrutura verde e biodiversidade, planificação urbana e energia, mobilidade, agricultura e alimentação. Assim como indústria, turismo e outros setores, como educação, pesquisa e inovação.[27]

O plano é uma resposta às duas principais ameaças que a cidade enfrenta, segundo um estudo de riscos e vulnerabilidades que foi elaborado previamente: o **calor extremo**, com ondas de calor cada vez mais prolongadas, sendo que é previsto um aumento de um grau na temperatura até 2030 e temperaturas mínimas elevadas. Tudo isso acompanhado de períodos mais frequentes de secas e maiores possibilidades de incêndios. Outro risco apontado são as cheias dos rios, com **inundação** de determinadas áreas da cidade, interrompendo o tráfego de veículos, o fornecimento de energia elétrica, a possibilidade de quedas de árvores e deslizamento de terra.[27]

Vejam que são eventos que têm acontecido com frequência em diversas partes do globo, potencializados pelas mudanças climáticas e que necessitam, por isso, fazer parte da agenda não apenas das organizações privadas, mas também do Poder Público.

Já que mencionamos uma ação de uma cidade espanhola, por que não mencionar o de uma cidade brasileira? Como parte da comemoração de seus 330 anos, a cidade de Curitiba, no Paraná, recebeu em março de 2023 os cerca de 8,6 mil painéis fotovoltaicos da Pirâmide Solar do Caximba. A usina é a primeira instalada sobre um aterro sanitário desativado na América Latina. O prefeito da capital destacou o caráter sustentável e a economia do projeto: "Nós estamos vendo um lugar que antes era passivo ambiental transformado em um ativo ambiental, um exemplo para o Brasil e também uma lição que Curitiba dá ao futuro da humanidade".[28]

A Pirâmide Solar do Caximba faz parte do Curitiba Mais Energia, uma das estratégias da cidade para combater e mitigar as mudanças climáticas por meio da produção de energia renovável, o que também resulta em economia para os cofres públicos. Ainda, o programa contempla os painéis instalados no "Palácio 29 de Março"; no Complexo Imap do Parque Barigui e na Galeria das Quatro Estações, do Jardim Botânico. O projeto é uma colaboração do *C40 Cities Climate Leadership Group* e da *Deutsche Gesellschaft für Internationale Zusammenarbeit* (GIZ) *GmbH*, que apoia cidades no desenvolvimento de projetos para reduzir as emissões de gases e frear o aumento da temperatura global.[28]

O programa é financiado pelo Ministério Federal Alemão para o Desenvolvimento Econômico e Cooperação (BMZ, *Bundesministerium für wirtschaftliche Zusammenarbeit und Entwicklung*, em alemão), pelo Departamento de Negócios, Energia e Estratégia Industrial do Reino Unido (BEIS, *Department for Business, Energy & Industrial Strategy*, em inglês) e pela Agência dos Estados Unidos para o Desenvolvimento Internacional (USAID, *United States Agency for International Development*, em inglês). A próxima etapa do Curitiba Mais Energia inclui sistemas fotovoltaicos nos telhados dos terminais de ônibus do Santa Cândida (465 kWp) e Boqueirão (512 kWp), além do Terminal do Pinheirinho (925 kWp).[28]

Por sua vez, a Apple anunciou, em setembro de 2021, que 175 de seus fornecedores se comprometeram a usar **energia renovável** para o trabalho que fazem para a companhia, ajudando a trazer mais de 9 gigawatts de energia limpa para as redes elétricas. Pelo acordo, as empresas devem se comprometer a usar fontes de energia como solar ou eólica, o que faz parte dos esforços da Apple anunciados em 2020 para que seus produtos tenham o que se chamava impacto climático "líquido zero". Entre a nova rodada de fornecedores, está a SK Hynix da Coreia do Sul, que fornece chips de memória para dispositivos Apple e será uma das primeiras empresas coreanas a aderir ao programa da empresa.[29]

Também se juntará o fabricante franco-italiano de chips STMicroelectronics, um dos principais fornecedores de sensores e outros chips para iPhones que, segundo a Apple, iniciou nove novos projetos de energia renovável desde que se comprometeu com o programa. A Apple agora tem fornecedores no programa em 24 países, incluindo Índia, Japão e Coreia do Sul. A empresa também anunciou que estava fornecendo financiamento para dez projetos menores de energia renovável com o objetivo de ajudar comunidades com poucos recursos.[29]

Se algumas iniciativas primam pela geração de energia limpa e renovável, outras se prestam a **absorver os gases poluentes** que estão na atmosfera. O que parece uma simples tinta pode se tornar um instrumento eficaz contra a poluição. Feita a base de cimento, e de um princípio ativo fotocatalítico, a tinta é capaz de "engolir" a poluição do ar e a reduzir pela metade. Os testes de laboratório mostram os gases de escapamento, entrando numa caixa de acrílico, que reproduz um prédio pintado com a tinta antipoluição.

Assim que a luz é acesa, ativa as substâncias presentes na tinta, como o dióxido de titânio, reduzindo imediatamente os níveis dos poluentes em mais de 50%. Assim que a luz é apagada, os níveis voltam aos valores iniciais. O mesmo acontece com a pintura e as partículas contaminadas. A combinação da luz natural com o produto cria oxidantes radicais que interagem com esses poluentes do ar, transformando-os em moléculas de sal. A tecnologia funciona também com a luz artificial.[30]

Três semanas antes da pintura do túnel, foi feita uma pesquisa sobre os níveis da sujeira do ar lá dentro. Depois de pintado, uma nova pesquisa revelou um corte de 51% dos gases poluentes. Se alguém atravessar a pé os 400 metros deste túnel, vai sentir que o cheiro de gás carbônico realmente diminuiu. A invenção foi apoiada pelas pesquisas da faculdade de engenharia química da universidade de Roma, La Sapienza, e está sendo usada para obras públicas.[30]

Depois de vários anos sendo utilizada na Itália, a "tinta antipoluição" chegou ao Brasil. A tinta chamada Airlite foi testada em São Paulo em uma escultura exposta no Parque Ibirapuera e auxiliou na diminuição da poluição local. "A Airlite demonstrou resultados promissores e acreditamos que sua chegada ao Brasil irá abrir muitas outras portas para outras empresas, que se comprometem com o seu desempenho em relação às práticas voltadas para o desenvolvimento sustentável", afirma um dos proprietários da empresa, que detém a venda exclusiva da Airlite no Brasil. "Um dos principais desafios contemporâneos é o aquecimento global, responsável pelas mudanças climáticas que estão causando desastres ambientais ao redor do mundo", destaca o outro sócio. "É nossa missão, começando dentro de casa, e também das empresas atuarem para mitigar essas consequências. A tecnologia antipoluição do produto coloca o mercado de tintas em um novo patamar de inovação", completa.[31]

E não é que para monitorar e combater a poluição a ajuda pode vir do espaço? Um foguete Falcon 9, da SpaceX, foi lançado em abril de 2023 nos Estados Unidos, carregando um novo dispositivo da NASA capaz de rastrear a poluição do ar sobre a América do Norte. O instrumento, chamado de *Tropospheric Emissions Monitoring of Pollution* (TEMPO), permitirá que os cientistas monitorem do espaço os poluentes atmosféricos e suas fontes de emissão de forma mais abrangente do que nunca. De acordo com o gerente do projeto TEMPO, o instrumento da NASA medirá a poluição e a qualidade do ar em toda a América do Norte de hora em hora, desde Porto Rico (que geograficamente está na América Central) até as areias betuminosas do Canadá.[32]

Os dados serão usados pela Agência de Proteção Ambiental dos EUA (EPA, *Environmental Protection Agency*, em inglês), pela Administração Nacional Oceânica e Atmosférica (NOAA, *National Oceanic and Atmospheric Administration*, em inglês) e outras agências responsáveis pelo combate à poluição atmosférica. Segundo o responsável, o TEMPO será ativado no final de maio ou no início de junho de 2023 e começará a produzir dados em outubro do mesmo ano. Para o público, os dados começarão a ser disponibilizados em abril de 2024, de forma *online*.[32]

Para o administrador da NASA, "a missão TEMPO é mais do que apenas estudar a poluição: é sobre melhorar a vida na Terra para todos". "Ao monitorar os efeitos de tudo, desde o tráfego na hora do *rush* até a poluição causada por incêndios florestais e vulcões, os dados da NASA ajudarão a melhorar a qualidade do ar em toda a América do Norte e proteger nosso planeta", acrescentou. O dispositivo é aproximadamente do tamanho de uma máquina de lavar roupa e tem sido descrito como um laboratório de química no espaço.[32]

Assim, para resumirmos os aspectos de responsabilidade **ambiental** (primeiro pilar do ESG) que devem servir de referência para o Gestor de ESG, podemos elencar os seguintes temas importantes:

1. Mudanças climáticas, com atenção especial para a emissão dos Gases de Efeito Estufa (GEE).
2. Biodiversidade, atentando para as perdas de fauna e flora.
3. Restrição de recursos hídricos, objetivando, então, o uso eficiente da água.
4. Aumento da poluição, com necessidade de gestão de resíduos.

Referências do capítulo

1 MAEDA, Danilo. **Não é 'justiça social'. É capitalismo:** o poder de uma carta de Larry Fink. 2022. Disponível em: https://exame.com/bussola/nao-e-justica-social-e-capitalismo-o-poder-de-uma-carta-de-larry-fink/. Acesso em: 11 abr. 2023.

2 BLACKROCK. **Uma mudança estrutural nas finanças.** [s.d]. Disponível em: https://www.blackrock.com/br/larry-fink-ceo-letter#:~:text=Quando%20acharmos%20que%20as%20empresas,responsabilizar%20os%20membros%20do%20conselho. Acesso em: 11 abr. 2023.

3 DIÁRIO DO COMÉRCIO. **Capitalismo de stakeholders.** 2022. Disponível em: https://diariodocomercio.com.br/opiniao/capitalismo-de-stakeholders/. Acesso em: 11 abr. 2023.

4 OCCHIPINTI, Gabriela Mackert. **Larry Fink, CEO da BlackRock, publica sua carta de 2022 aos CEOs; veja a íntegra.** 2022. Disponível em: https://www.moneytimes.com.br/

larry-fink-ceo-da-blackrock-publica-sua-carta-de-2022-aos-ceos-veja-a-integra/. Acesso em: 11 abr. 2023.

5 FECOMERCIO-SP. **Sindicatos.** [s.d.]. Disponível em: https://www.fecomercio.com.br/institucional/sindicatos. Acesso em: 11 abr. 2023.

6 DIÁRIO DO COMÉRCIO. **Pesquisa mostra que práticas ESG precisam avançar no comércio.** 2022. Disponível em: https://dcomercio.com.br/publicacao/s/pesquisa-mostra-que-praticas-esg-precisam-avancar-no-comercio. Acesso em: 11 abr. 2023.

7 LIDERANÇA COM VALORES. **Empresas sem propósito, empresas sem futuro.** 2019. Disponível em: https://liderancacomvalores.com.br/empresas-sem-proposito-empresas-sem-futuro/. Acesso em: 15 abr. 2023.

8 TERRA. **ESG é preocupação para 95% das empresas, aponta pesquisa.** 2021. Disponível em: https://www.terra.com.br/noticias/educacao/carreira/esg-e-preocupacao-para-95-das-empresas-aponta-pesquisa,7e7ec24922341a0ec56ff8a8a1854db9o54popch.html. Acesso em: 15 abr. 2023.

9 PACETE, Luiz Gustavo. **Estudo aponta sustentabilidade como prioridade para CEOs brasileiros.** 2022. Disponível em: https://forbes.com.br/forbes-tech/2022/05/estudo-aponta-sustentabilidade-como-prioridade-para-ceos-brasileiros/. Acesso em: 15 abr. 2023.

10 LEWGOY, Júlia. **Empresas sem ações sustentáveis concretas correm risco de perder metade dos investidores.** 2021. Disponível em: https://valorinveste.globo.com/mercados/renda-variavel/noticia/2021/11/04/empresas-sem-acoes-sustentaveis-concretas-correm-risco-de-perder-metade-dos-investidores.ghtml. Acesso em: 15 abr. 2023.

11 ZANOBIA, Luana. **Musk perde fortuna ao declarar posição política e criticar ESG.** 2022. Disponível em: https://veja.abril.com.br/economia/musk-perde-fortuna-ao-declarar-posicao-politica-e-criticar-esg/. Acesso em: 15 abr. 2023.

12 CICLO VIVO. **Empresa canadense é a 1a do mundo a produzir cápsulas biodegradáveis para café.** 2016. Disponível em: http://ciclovivo.com.br/noticia/empresa-canadense-e-a-1a-do-mundo-a-produzir-capsulas-biodegradaveis-para-cafe/. Acesso em: 15 abr. 2023.

13 CANDIDO, Marcos. **Café em cápsula de papel? Nestlé lança produto só no Brasil após pressão.** 2022. Disponível em: https://www.uol.com.br/ecoa/ultimas-noticias/2022/12/16/cafe-em-capsula-de-papel-nestle-lanca-produto-so-no-brasil-apos-pressao.htm. Acesso em: 15 abr. 2023.

14 BRAUN, Stuart. **Reciclagem não é solução:** Coca e PepsiCo devem reduzir produção de plástico. 2022. Disponível em: https://www.uol.com.br/ecoa/ultimas-noticias/2022/11/10/reciclagem-nao-e-solucao-coca-e-pepsico-devem-reduzir-producao-de-plastico.htm. Acesso em: 15 abr. 2023.

15 BRIGATTI, Fernanda. **Nestlé lança no Brasil cafeteira que usa cápsulas compostáveis feitas em papel.** 2022. Disponível em: https://www1.folha.uol.com.br/mercado/2022/11/nestle-lanca-no-brasil-cafeteira-que-usa-capsulas-compostaveis-feitas-em-papel.shtml. Acesso em: 15 abr. 2023.

16 REVISTA EMBALAGEM MARCA. **Nestlé lança no Brasil primeira cafeteira de cápsulas compostáveis de papel.** 2022. Disponível em: https://embalagemmarca.com.br/2022/11/nestle-lanca-no-brasil-primeira-cafeteira-de-capsulas-compostaveis-de-papel/. Acesso em: 15 abr. 2023.

17 BARBOSA, Vanessa. **Unilever repensa uso de plástico em marcas e este é o resultado até agora.** 2018. Disponível em: https://exame.com/marketing/unilever-repensa-uso-de-plastico-em-marcas-e-este-e-o-resultado-ate-agora/. Acesso em: 15 abr. 2023.

18 CHASAN, Emily **Investidores exigem menor uso de plástico por Nestlé, Pepsi.** 2018. Disponível em: https://exame.com/invest/mercados/investidores-exigem-menor-uso-de-plastico-por-nestle-pepsi/. Acesso em: 15 abr. 2023.

19 GUEDES, Isabella. **Economia circular:** o que é e como funciona? 2022. Disponível em: https://meiosustentavel.com.br/economia-circular/. Acesso em: 15 abr. 2023.

20 SGS. **Os benefícios da economia circular e logística reversa.** 2019. Disponível em: https://sgssustentabilidade.com.br/2019/07/16/beneficios-da-economia-circular-e-logistica-reversa/. Acesso em: 15 abr. 2023.

21 CAETANO, Rodrigo. **Como a Braskem pretende colocar o plástico no radar de designers e criativos.** 2022. Disponível em: https://exame.com/esg/como-a-braskem-pretende-colocar-o-plastico-no-radar-de-designers-e-criativos/. Acesso em: 15 abr. 2023.

22 DIAS, Maria Clara. **Na Arezzo&Co, economia circular da TROC dá fôlego à estratégia sustentável e ao second hand.** 2022. Disponível em: https://exame.com/negocios/na-arezzo-economia-circular-da-troc-da-folego-a-estrategia-sustentavel-e-ao-second-hand/. Acesso em: 15 abr. 2023.

23 CAETANO, Rodrigo. **Ambev se compromete a zerar emissões até 2040 e muda propósito.** 2021. Disponível em: https://exame.com/esg/ambev-se-compromete-a-zerar-emissoes-ate-2040-e-muda-proposito/. Acesso em: 15 abr. 2023.

[24] DIAS, Maria Clara. **Lojas Renner anuncia novos compromissos ESG e CEO comemora:** "Metas boas e que dão frio na barriga". Disponível em: https://exame.com/negocios/renner-anuncia-novos-compromissos-esg-e-ceo-comemora-metas-boas-e-que-dao-frio-na-barriga/. Acesso em: 15 abr. 2023.

[25] VIRI, Natalia. **Itaú se une a oito bancos e cria "bolsa" para créditos de carbono.** Disponível em: https://www.capitalreset.com/itau-se-une-a-oito-bancos-e-cria-bolsa-para-creditos-de-carbono/. Acesso em: 15 abr. 2023.

[26] CARDOSO, Marcel. **Latam faz primeiro voo internacional com combustível sustentável.** 2023. Disponível em: https://aeromagazine.uol.com.br/artigo/latam-fez-primeiro-voo-internacional-com-combustivel-sustentavel.html. Acesso em: 15 abr. 2023.

[27] ZARAGOZA. **Zaragoza aprueba su plan de adaptación al cambio climático para mejorar la protección de la salud de la ciudadanía.** 2023. Disponível em: https://www.zaragoza.es/sede/servicio/noticia/320449#:~:text=El%20Gobierno%20de%20Zaragoza%20ha,y%20su%20econom%C3%ADa%20y%20medio. Acesso em: 15 abr. 2023.

[28] PREFEITURA DE CURITIBA. **Greca inaugura Pirâmide Solar do Caximba nos 330 anos de Curitiba.** 2023. Disponível em: https://www.curitiba.pr.gov.br/noticias/greca-inaugura-piramide-solar-do-caximba-nos-330-anos-de-curitiba/67948. Acesso em: 15 abr. 2023.

[29] EXAME. **Apple inclui fornecedores em compromisso de energia limpa.** 2021. Disponível em: https://exame.com/esg/apple-inclui-fornecedores-em-compromisso-de-energia-limpa/. Acesso em: 15 abr. 2023.

[30] G1. **Tinta que absorve poluição é criada por cientistas de universidade italiana.** 2016. Disponível em: https://g1.globo.com/jornal-hoje/noticia/2016/03/tinta-que-absorve-poluicao-e-criada-por-cientistas-de-universidade-italiana.html. Acesso em: 15 abr. 2023.

[31] CICLO VIVO. **Tinta que absorve poluição é comercializada no Brasil.** 2023. Disponível em: https://ciclovivo.com.br/inovacao/negocios/tinta-que-absorve-poluicao-e-comercializada-no-brasil/. Acesso em: 15 abr. 2023.

[32] HUBENKO, Dmytro. **Dispositivo da NASA vai monitorar poluição direto do espaço.** Disponível em: https://www.dw.com/pt-br/dispositivo-da-nasa-vai-monitorar-polui%C3%A7%C3%A3o-direto-do-espa%C3%A7o/a-65260405#:~:text=Chamado%20de%20TEMPO%2C%20equipamento%20foi,e%20suas%20fontes%20de%20emiss%C3%A3o. Acesso em: 15 abr. 2023.

06

ESG NA PRÁTICA: OS PILARES "SOCIAL" E "GOVERNANÇA"

6.1 O que tem acontecido em termos de "responsabilidade social" (segundo pilar do ESG) e que pode servir de referência para o Gestor de ESG?

Em novembro de 2020, uma manchete ganhou os noticiários do país: um homem negro havia sido espancado até a morte por dois seguranças em um supermercado de uma grande rede internacional, em Porto Alegre, no Rio Grande do Sul. Apesar de a empresa terceirizada ser a responsável pela segurança do estabelecimento, os efeitos negativos do crime respingaram na imagem do supermercado. A companhia informou, em nota, que lamentava profundamente o caso e que havia iniciado uma rigorosa apuração interna, com providências para que os responsáveis fossem punidos legalmente. A rede, que atribuiu a agressão a seguranças, também chamou o ato de criminoso e anunciou o rompimento do contrato com a empresa terceirizada.[1]

Dois anos antes, em 2018, a mesma rede de supermercados já havia sido notícia quando um cachorro abandonado morreu após ser envenenado e espancado por um funcionário de uma de suas lojas em Osasco, na Grande São Paulo.[2] No caso da morte do homem em Porto Alegre (RS), a empresa de segurança patrimonial teve que pagar uma indenização de R$1,8 milhão.

Além disso, o CEJUSC (Centro Judiciário de Solução de Conflitos e Cidadania) — órgão de mediação do Tribunal de Justiça do Rio Grande

Sul — divulgou que a empresa chegou a um acordo com entidades de defesa dos direitos humanos e com a Defensoria Pública sobre o pagamento da indenização. Metade do valor pago pela empresa foi destinado a bolsas de permanência para universitários negros do ProUni (Programa Universidade para Todos), outros 30% foi repassado a bolsas para creches, que vão atender crianças negras de até 5 anos e 15% ficou destinado à compra de cestas básicas, também para famílias negras moradoras do bairro Passo D´Areia, na zona norte de Porto Alegre. A empresa também ficou obrigada a fazer campanhas de conscientização sobre práticas antirracistas, inclusive, para outras empresas de segurança, e **reformular as políticas internas**, com a criação de uma **ouvidoria** para receber denúncias de abuso de qualquer ordem e racismo.[3]

Por sua vez, um Termo de Ajuste de Conduta (TAC) estabeleceu à rede de supermercados o pagamento de R$115 milhões em indenização à família da vítima. Em um comunicado aos investidores divulgado em junho, a companhia disse que o valor seria "desembolsado ao longo dos próximos anos".[3]

Apesar de ambos os casos serem condenados pela rede de supermercados, os danos à sua imagem foram claros e fizeram com que ela precisasse dar uma resposta aos *stakeholders*. Em setembro de 2021, a companhia terminou a implementação nacional de um novo sistema de segurança. Uma das medidas adotadas foi o **fim da terceirização**. Além disso, os profissionais de segurança passaram a ser treinados e o uniforme teve a incorporação de câmeras de segurança. Outro ponto importante na nova política foi a contratação de seguranças seguindo **critérios de diversidade**. De acordo com o diretor de Segurança, Riscos e Prevenção da empresa, Claudionor Alves, "há um olhar muito voltado para gênero e raça". No Brasil, o grupo contratou 1.013 profissionais de segurança, sendo que "desses, 68,81% são negros ou pessoas que se autodeclaram negras ou pardas; e 35,93% são mulheres", disse o diretor de segurança.[4]

A nova política da empresa faz parte dos compromissos assumidos quando firmou o TAC, em junho de 2021. O custo do programa, segundo a companhia, foi de R$5 milhões e o projeto teve como teste uma mudança anterior nas lojas de Porto Alegre, onde aconteceu a morte. Adicionalmente, a rede de supermercados se comprometeu a aplicar R$115 milhões em políticas de reparação e **promoção de igualdade racial**. Quando a empresa assumiu esses compromissos também estavam presentes entidades como a Educafro (Educação e Cidadania de Afrodescendentes e Carentes) e o Centro Santo Dias de Direitos Humanos.[4]

Outro exemplo de situação grave envolvendo questões sociais, com danos à imagem de empresas, igualmente aconteceu no Estado do Rio Grande do Sul. E também esse caso foi amplamente difundido na mídia. Em fevereiro de 2023, mais de 200 homens contratados para trabalhar na colheita de uva foram resgatados de um alojamento na Serra Gaúcha, onde eram submetidos a "condições degradantes" e trabalho análogo à escravidão. Os órgãos que participaram da operação — Ministério do Trabalho e Emprego (MTE), Ministério Público do Trabalho (MPT) e as Polícias Federal (PF) e Rodoviária Federal (PRF) — afirmaram que os trabalhadores teriam sido enganados após receberem promessa de emprego temporário, salário de R$4 mil e, ainda, alojamento e refeições pagas.[5]

A operação foi realizada após três trabalhadores procurarem a PRF, afirmando que haviam fugido de um alojamento em que eram mantidos contra a vontade. Os 207 homens foram recrutados na Bahia por uma empresa que prestava serviços para três importantes vinícolas da região, que afirmaram desconhecer a situação relatada pelos trabalhadores. Nos depoimentos, os trabalhadores relataram episódios de violência, tais como surras com cabo de vassoura, mordidas, choques elétricos e ataques com *spray* de pimenta, além de más condições de trabalho e de alojamento. Eles denunciaram ainda práticas, como vales, multas e descontos nos salários, o que levou o MTE e o MPT a considerarem a situação como um regime de trabalho análogo à escravidão.[5]

Os homens trabalhavam na colheita de uva de domingo à sexta, das 5h às 20h e sem pausas — apesar de serem forçados a assinar no ponto que folgavam também aos domingos. Eles começaram a trabalhar no início de fevereiro de 2023, porém foram surpreendidos com as péssimas condições de trabalho, tentaram ir embora do Rio Grande do Sul, mas chegaram a ser ameaçados e espancados. Um dos trabalhadores afirmou, em entrevista ao jornal Folha de S. Paulo, que o combinado era receber R$4 mil após 45 dias. Porém eram abatidos do montante descontos que não foram previamente combinados. Assim, ele disse que percebeu que estava sendo explorado.[5]

As três vinícolas podem ser responsabilizadas, segundo o gerente regional do MTE (Ministério do Trabalho e Emprego), Vanius Corte. "As pessoas que tomaram esse serviço, as pessoas que foram beneficiadas por esse serviço, também podem ser responsabilizadas. Chamamos isso de responsabilidade subsidiária. Primeiro, o empregador tem a responsabilidade", afirmou o gerente. "Se ele não pagar, as pessoas que trabalharam em determinada vinícola, que prestaram o serviço lá, podem cobrar, e nós vamos chegar nesse ponto, dessa vinícola que se beneficiou desse trabalho", acrescentou. Para ele, não basta as empresas contratarem alguém. "Tu tens que saber quem tu estás contratando, tu tens que ter essa responsabilidade de examinar se ele oferece as condições [adequadas] e os direitos [legais]", afirmou.[5]

No entanto a Polícia Federal (PF) destacou que não foram encontradas evidências da participação das vinícolas do Rio Grande do Sul. "A gente pesquisou bastante sobre isso nas provas que a gente tinha aqui. Não foi encontrado nenhum indício de participação das vinícolas no crime de redução à condição de análoga à de escravo", disseram. Eles ainda completaram dizendo que o crime contra os trabalhadores não aconteceu somente em um local específico, tendo se manifestado de diversas maneiras. "A própria falta de pagamento dos salários restringe a mobilidade dos trabalhadores. Eles não poderiam desistir do trabalho e voltar para suas residências, para o seu estado de origem. A gente também está apurando, juntamente com o Ministério do Trabalho, a duração da jornada de trabalho e a questão dos maus-tratos".[6]

Ainda que não estejam diretamente envolvidas, as três vinícolas tiveram que assinar um Termo de Ajuste de Conduta (TAC) e foi determinado pelo Ministério Público do Trabalho (MPT) o pagamento de R$7 milhões aos resgatados. Por sua vez, a empresa terceirizada pagou R$1,1 milhão a título de verba rescisória e outros direitos trabalhistas devidos. Além disso tudo, a empresa está sujeita a realizar um acordo de indenização.[7]

Do montante de R$7 milhões, R$2 milhões serão destinados às indenizações por danos morais e os outros R$5 milhões devem ser revertidos para entidades, fundos ou projetos voltados para a reparação do dano. Essas instituições e projetos ainda serão definidos pelo MPT.[8]

Tanto pelo relato do acontecido na rede de supermercado como no caso das três vinícolas do Rio Grande do Sul, pode-se perceber, em relação ao ESG, que não é apenas uma questão **social**, mas também de **governança**. Ao deixar nas mãos de empresas terceirizadas parte de sua atividade, em um caso a segurança e, no outro, a colheita de uvas, era vital que elas criassem condições para fiscalizar o trabalho dessas contratadas por meio de auditorias internas frequentes. Os riscos na contratação de tais empresas se mostraram superiores aos eventuais custos para realização de controles periódicos e, após a materialização dos problemas encontrados, os custos serão ainda maiores, não apenas financeiros, como também de desgaste em suas imagens institucionais.

E mesmo quando há algum tipo de governança — uma forma de controle — pode ocorrer de ela não ser suficiente ou adequada. Três grandes redes supermercadistas do Brasil disseram que fizeram sua parte no monitoramento de cadeias produtivas, mas isso não foi suficiente. Um dos supermercados, com sede mundial na França, é signatário do "Pacto pela erradicação do trabalho escravo no Brasil". Trata-se de um acordo que prevê restrições comerciais às empresas ou pessoas identificadas na cadeia produtiva que adotam práticas que caracterizam escravidão. Em nota, a empresa afirma ainda que todos os seus contratos "possuem cláusulas específicas que obrigam o fornecedor a se comprometer rigorosamente com as normas da legislação trabalhista vigentes".[9]

Uma das redes supermercadistas, com sede nacional em São Paulo, e que também é signatária do Pacto Global, afirma que fez auditorias nas fábricas de duas das vinícolas em 2022 e que "ambas estavam em conformidade com os critérios avaliados pela Companhia". É outra evidência da insuficiência do setor em monitorar a própria cadeia. Já o outro supermercado, disse que está em processo de assinatura do termo de adesão do Pacto, com previsão de conclusão ainda no primeiro semestre de 2023. E afirmou que "pode encerrar uma relação comercial quando o fornecedor se recusar a tomar as medidas necessárias", mas não respondeu se as vinícolas estão nessa situação.[9]

Nenhum dos supermercados anunciou a suspensão de contratos com as vinícolas. O rompimento das relações comerciais com as empresas envolvidas no caso não seria exótico ou descabido. Uma rede de supermercados do Rio de Janeiro, por exemplo, anunciou que retiraria os produtos de uma das vinícolas de suas prateleiras. "As empresas têm que ter ações concretas, fiscalização rigorosa das cadeias produtivas, mantendo diálogo com seus fornecedores. Se uma empresa quer ser ESG, o pilar social é essencial", avalia Marina Ferro, que é diretora-executiva do InPACTO, organização que mobiliza os diferentes setores na promoção do trabalho decente, desde a criação do Pacto Global.[9]

Provavelmente, para manter um **controle mais direto das atividades de seu negócio**, as vinícolas terão que desistir da terceirização e contratar, elas mesmas, os trabalhadores, como foi feito no caso da segurança do supermercado de Porto Alegre. Assim, serão as responsáveis pela contratação e treinamento dos empregados, além de facilitar sua própria fiscalização.

Quando se pensa em **"gestão de risco"** algumas vezes o "barato pode sair caro" e o controle pode "fugir das mãos" das empresas. Se isso acontece, como foram os dois casos relatados, a resposta precisa ser rápida para os *stakeholders*, pois isso mostrará comprometimento da companhia com o **"capitalismo *stakeholder*"** e **geração de valor** às partes interessadas.

6.2 Ser proativo em responsabilidade "social" é o melhor caminho

Quando o assunto é responsabilidade social, ser proativo pode fazer toda a diferença em favor da empresa. Estar atento para questões, como diversidade, inclusão e atenção aos *stakeholders*, são vitais para mostrar o comprometimento da companhia com as questões sociais.

As ações de diversidade e inclusão nas empresas são uma maneira de garantir maior qualidade de vida no trabalho de todos. Além disso, é possível formar times diversos e inovadores, que contribuem para um melhor ambiente e para os pilares que sustentam a segurança psicológica nas organizações. Assim, por sua importância social e os benefícios que traz ao dia a dia, as ações de diversidade e inclusão viraram prioridades nas empresas. De acordo com uma pesquisa global realizada pela PwC, 76% das organizações entrevistadas dizem que o tema da diversidade e inclusão é um valor ou uma prioridade.[10]

Embora os termos sejam complementares, as ações de diversidade e inclusão nas empresas não têm o mesmo significado. As ações de **diversidade** dizem respeito a abranger a maior variedade de pessoas possível, ou seja, é ter representatividade dos diversos grupos da sociedade também no ambiente de trabalho. Se a diversidade é garantir que as diferentes pessoas estejam presentes no ambiente de trabalho, a **inclusão** assegura que todas tenham "voz", isto é, que consigam participar das atividades e processos da mesma maneira, mesmo com suas diferenças. Dessa forma, esses dois conceitos se complementam e trabalham juntos para assegurar ambientes de trabalho saudáveis e diversos.[10]

É importante reforçar que as ações de diversidade e inclusão nas empresas devem fazer parte da rotina do time e da cultura organizacional, para que sejam cada vez mais efetivas. Ainda, tão importante quanto o cumprimento dessas ações, é a efetividade delas. A seguir, uma sugestão de oito ações de diversidade e inclusão que podem ser inseridas nas empresas:[10]

1. **Reavalie os processos seletivos da empresa**
   Divulgue os processos seletivos de forma ampla e inclusiva, variando os meios; elimine qualquer preconceito no processo seletivo e foque em competências e habilidades; analise as exigências da vaga; crie processos afirmativos (com vagas direcionadas para minorias, por exemplo).

2. **Lidere pelo exemplo**
   Para ser realmente diversa, a organização deve contar com pessoas variadas em suas diversas camadas de hierarquia. Assim, além de começar a ter essa consciência, uma maneira justa de promover isso é propondo programas de reconhecimento na empresa, que podem ajudar a identificar talentos diversos para a liderança.

3. **Forme um comitê de diversidade e inclusão na empresa**
   Nada melhor para engajar com as ações de diversidade e inclusão na empresa do que contar com a ajuda e participação do próprio time. Logo, para dar ainda mais visibilidade a esse projeto de

diversidade, é possível formar um comitê de diversidade e inclusão. Esses comitês são compostos por grupos de pessoas pertencentes a minorias e que representam a variedade de indivíduos presentes na empresa.

4. **Ofereça benefícios que possibilitem evolução ao time**
   As ações de diversidade e inclusão nas empresas são especialmente importantes para tentar igualar o cenário, inclusive no mercado de trabalho. Porém uma empresa que realmente leva esse conceito como central não pode parar por aí. Muitas vezes, a condição socioeconômica faz com que muitas pessoas fiquem para trás no mercado de trabalho. Por isso, uma ação efetiva que o departamento de Recursos Humanos pode promover é a avaliação dos benefícios presentes na companhia e a proposta de outros, que agreguem mais valor à carreira e ao bem-estar da equipe.

5. **Promova a segurança psicológica**
   O conceito de segurança psicológica se baseia na criação de um ambiente de trabalho saudável, em que os colaboradores se sintam seguros e livres para errar, sugerir, colaborar e desafiar processos antigos em busca de inovação. Algumas mudanças que podem contribuir para isso são: incentivar e exercitar uma boa comunicação; normalizar os erros e passar a enxergá-los como oportunidades; estimular a colaboração; organizar uma rotina de *feedbacks* entre todos os níveis hierárquicos e processos da empresa.

6. **Organize campanhas de conscientização sobre ações de diversidade e inclusão nas empresas**
   Algumas vezes, o assunto das ações de diversidade e inclusão nas empresas costuma estar mais presente entre as minorias que são afetadas por essa necessidade. Portanto, é importante estender esse diálogo a toda empresa, principalmente aos altos cargos, para que se compreenda a relevância do assunto e como ele deve estar alinhado com os valores da empresa.

7. **Construa ambientes e condições acessíveis**
   É necessário reconhecer que nem todas as pessoas têm acesso aos mesmos recursos e condições de trabalho. Portanto, também é importante entender quais as ferramentas, acomodações e outros recursos que os colaboradores da equipe possuem.

8. **Faça uma curadoria de dúvidas com o time**
   Por fim, é importante ressaltar que a promoção de ações de diversidade e inclusão nas companhias são um mecanismo em constante evolução na organização. É necessário, então, construir canais de diálogo que normalizem o aprendizado em relação a essas diferenças e à desconstrução do preconceito. É possível disponibilizar caixas de "tira-dúvidas", promover dinâmicas de grupos e outros informativos.

Para a Microsoft e a Salesforce, por exemplo, promover a diversidade não é apenas o certo a ser feito, mas também é bom para os negócios. Em um ramo de atividade no qual a inovação é tão importante, essas empresas entendem que um ambiente diverso é mais criativo, e a criatividade gera inovação. Ao entender que diversidade é uma vantagem competitiva, essas organizações levam essa questão a outro patamar. Alguns dos pontos em comum nas duas empresas é a existência de muitos dados disponíveis sobre diversidade e um relatório público específico sobre o tema. Metas de diversidade são usadas na definição dos objetivos dos executivos e uma pessoa sênior é 100% dedicada à diversidade, com apoio do CEO.[11]

Ademais, nenhuma dessas duas empresas trata a diversidade como "cota". Elas buscam entender os desafios para atrair e reter determinados grupos e, assim, trabalhar para remover esses obstáculos. As organizações enxergam a diversidade como um trabalho sem fim e, apesar do progresso alcançado, ainda entendem que falta muito a ser feito.[11]

Outra grande empresa que também tem projetos ligados à diversidade e inclusão é a Vale. A mineradora pretende ter 40% de seus cargos de liderança ocupados por negros até 2026. Por outro lado, em relação às mulheres, a companhia acredita que precisará chegar a 2025 para ter pelo menos 26% delas em sua força de trabalho. Enquanto isso, tenta resolver as persistentes deficiências para a diversificação de talentos na atividade de mineração, especialmente em países em desenvolvimento, que concentram grande parte das minas.[12]

Contudo, embora a proporção estimada de 26% ainda esteja bem abaixo de outros setores, é um passo significativo em relação a apenas 13,5%, que haviam em 2019. Globalmente, as mulheres respondem por 8% a 17% da força de trabalho da indústria de mineração, de acordo com a McKinsey Co., e menos de 20% dos cargos de liderança em mineradoras ao redor do mundo, segundo análise da S&P Global Market Intelligence.[12]

Outro importante tema dentro das questões sociais nas companhias é em relação ao assédio moral e assédio sexual. É importante diferenciar os dois tipos. O **assédio moral** é um tipo de assédio que tem como objetivo desonrar e/ou ameaçar a vítima, causando-lhe danos psicológicos. Já o **assédio sexual** é um tipo de assédio que envolve toques indesejados, comentários sexuais e, até mesmo, agressões físicas.[13]

Não podemos confundir as modalidades de assédio. O assédio moral é mais amplo, ocorrendo no ambiente de trabalho, tem caráter de *bullying* e compreende qualquer conduta que seja capaz de afetar a saúde física, psicológica e moral de uma pessoa. O assédio sexual é o constrangimento, mediante palavras, gestos ou atos, com intuito de se obter vantagem ou favorecimento sexual. O assédio de cunho sexual, em alguns casos, manifesta-se como uma espécie agravada do assédio moral, mas não se limita à relação de trabalho.[13]

Embora alguns achem que há uma supervalorização de algumas condutas, com vistas de obter indenizações, o fato é que o assunto deixou de ser uma conversa para a hora do café ou para se discutir em um processo trabalhista. Desde o dia 21 de setembro de 2022, está em vigor uma lei que obriga todas as empresas a promoverem treinamentos de combate ao assédio, bem como implementar canais para o recebimento de denúncias. A Lei nº 14.457/2022, que instituiu o "Programa Mais Mulheres", trouxe um capítulo dedicado às medidas de prevenção ao assédio sexual e a outras formas de violência no ambiente de trabalho, o que significa que o assédio moral também deve ser prevenido.[14]

Entre as obrigações trazidas pela Lei, podem ser destacadas:[14]

- Inclusão de regras de conduta a respeito do assédio sexual e de outras formas de violência nas normas internas da empresa.

- Procedimentos para recebimento e acompanhamento de denúncias, para apuração dos fatos e, quando for o caso, para aplicação de sanções administrativas aos responsáveis diretos e indiretos pelos atos de assédio sexual e de violência.
- Inclusão de temas referentes à prevenção e ao combate ao assédio sexual e a outras formas de violência nas atividades e nas práticas da Comissão Interna de Prevenção de Acidentes (CIPA).
- Realização de capacitação, orientação e de sensibilização de todos os empregados sobre temas relacionados à violência, ao assédio, à igualdade e à diversidade no âmbito do trabalho, no mínimo, a cada 12 meses.

Essas medidas já estão em vigor desde 20 de março de 2023 e se aplicam a todas as empresas, de qualquer segmento ou porte. Além disso, a Norma Regulamentadora nº 5, com nova redação dada pela Portaria MTP nº 4.219, de 20 de dezembro de 2022, e que trata da Comissão Interna de Prevenção de Acidentes (CIPA), trouxe algumas alterações. Entre elas, a mudança de nome para "Comissão Interna de Prevenção de Acidentes e Assédio". Assim, com a alteração da nomenclatura da CIPA, há a previsão expressa de que os membros recebam treinamento sobre o combate ao assédio, além de passarem a ter como incumbência a atuação e prevenção no combate a esse crime.[14]

Para as companhias que ainda não possuem um Código de Ética ou mesmo nunca proporcionaram um treinamento de combate ao assédio e outras formas de discriminação, é hora de começar a pensar nisso, pois esse é um tema que passará a ser fiscalizado e, com certeza, cobrado em ações trabalhistas. A ausência de cumprimento dessas determinações poderá, inclusive, aumentar uma condenação em processo trabalhista, principalmente se for considerado que há um protocolo para julgamento sob perspectiva de gênero.[14]

O combate ao assédio tem sido frequente tanto em organizações privadas como públicas. Por exemplo, uma decisão foi tomada em uma ação movida pelo Ministério Público do Trabalho (MPT) após virem a público as denúncias contra um alto executivo de um banco governamental. Na decisão, a Justiça do Trabalho determinou que a instituição bancária cumpra, imediatamente, medidas de combate ao assédio moral e sexual, e à discriminação. Entre as medidas a que o banco ficou obrigado estão:[15]

- Adotar providências em no máximo 30 dias quando receber denúncias de assédio moral e sexual.
- Concluir a apuração do caso em no máximo 90 dias.
- Oferecer apoio psicológico à vítima.
- Oferecer suporte para representação criminal contra o assediador, quando a apuração concluir que houve assédio.

Diversos outros temas não abordados aqui devem fazer parte das questões sociais nas empresas quando pensamos em Práticas ESG. Desse modo, para resumirmos os aspectos de responsabilidade **social** (segundo pilar do ESG) que devem servir de referência para o Gestor de ESG, podemos elencar alguns assuntos importantes:

1. Direitos do trabalhador, englobando o devido registro funcional.
2. Saúde e segurança dos funcionários, bem como medidas para impedir o assédio moral e assédio sexual.
3. Responsabilidade com os clientes e impacto na comunidade.
4. Diversidade e inclusão.

6.3 O que tem acontecido em termos de "práticas de governança" (terceiro pilar do ESG) e que pode servir de referência para o Gestor de ESG?

No capítulo anterior, falamos sobre a "descarbonização da economia" e, agora, esse tema volta à tona para fazermos um comentário sobre governança. Lembram-se do Larry Fink, CEO da BlackRock, maior empresa de gestão de ativos no mundo? Ele é uma das vozes que mais cobram por projetos de descarbonização.

No início de 2020, portanto, um pouco antes da pandemia do novo coronavírus, Larry Fink disse na sua tradicional carta aos CEOs das empresas investidas que o aquecimento global traria uma 'mudança fundamental para as finanças'. Doze meses e uma pandemia depois, o executivo saiu da fase da "catequese" sobre os benefícios da sustentabilidade e partiu para o pragmatismo, requerendo que as empresas divulguem planos específicos de como seus modelos de negócio se alinham com uma economia neutra em carbono até 2050. "Esperamos que vocês divulguem como esse plano é incorporado para sua estratégia de longo prazo e revisado pelo conselho de administração", escreveu, deixando claro que espera mais que cartas de intenções.[16]

Para 2021, a proposta da BlackRock foi tornar o "net zero" uma estratégia "investível": a companhia se comprometeu a lançar produtos de investimento com objetivos explícitos de alinhamento à meta de limitar o aumento da temperatura na Terra, incluindo produtos alinhados ao caminho da neutralidade em carbono. Na carta do ano supracitado, Larry Fink sublinhou que, em 2020 com a pandemia, não havia *trade-off* entre sustentabilidade e retorno, muito pelo contrário. "Dentro de setores — de automóveis a bancos a companhias de petróleo e gás — estamos vendo outras divergências: empresas com melhores perfis ESG estão performando melhor que seus pares, se aproveitando de um prêmio de sustentabilidade", escreveu. "Quanto mais as empresas abraçarem a mudança climática e as oportunidades que ela traz, mais o mercado as recompensará com *valuations* mais altos."[16]

Ainda, o executivo defendeu o aumento da **transparência**, um dos aspectos da **governança**, cobrando uma postura proativa das empresas em relação aos riscos e oportunidades trazidos pela mudança climática. "As empresas têm que se mover rapidamente para lidar com essas questões, em vez de esperar que os reguladores as imponham". Desde 2020, a BlackRock vem cobrando das empresas em que investe que tenham alinhamento ao *Task Force on Climate Related Disclosures* (TCFD), e ao *Sustainability Accounting Standards Board* (SASB), que traz as questões ESG consideradas mais importantes para cada setor.[16]

Além disso, o executivo também defendeu a importância da **diversidade** e da **inclusão**. "Nos relatórios de sustentabilidade, pedimos que as divulgações sobre estratégia de talentos reflitam seus planos de longo prazo para melhorar diversidade, equidade e inclusão, como for apropriado por região", apontou. E lembrou que o ESG, mais que atribuir cada fator a uma caixinha específica, é importante ter uma estratégica holística que tenha como finalidade gerar valor para todos os *stakeholders* envolvidos. "A mudança climática, por exemplo, já está tendo um impacto desproporcional sobre as comunidades de baixa renda ao redor do mundo. Isso seria uma questão "E" ou "S"? O que importa menos é a categoria em que colocamos essas questões, mas a informação que temos para entendê-las e como elas interagem umas com as outras".[16]

A **transparência** é um elemento fundamental da governança de uma companhia. Imagine que você tenha doado pares de tênis usados para uma empresa que promete usar o material para construir pistas de corrida e *playgrounds* para crianças. Eis que, algum tempo depois, descobre-se que os mesmos calçados estão à venda em mercados de usados na Indonésia! Foi esse fenômeno da globalização que o repórter da *Reuters*, descobriu. A empresa da reportagem em questão era uma fabricante americana de petroquímicos, que produzia matéria-prima para a fabricação de tênis. A gigante do ramo tinha um programa que, supostamente, aproveitava calçados usados advindos de doações para reciclagem em Singapura — mas, pelo visto, não era para esse destino que ao menos parte dos produtos estava indo.[17]

A *Reuters* doou onze pares de tênis para o programa, escondendo em cada um deles um AirTag da Apple, que é tipo um localizador. Com isso, o repórter descobriu que as doações foram parar em armazéns de uma empresa exportadora de bens de segunda mão contratada por uma gerenciadora envolvida no programa, em Singapura. A ideia seria levar os tênis para suas instalações. Graças aos AirTags, porém, foi revelado que isso não aconteceu: os tênis foram exportados para a Indonésia, quando alguns dos rastreadores deixaram de enviar o sinal. Um deles continuou em Singapura, em um projeto de habitação, embora não se possa ter confirmado a localização, sendo possível que o AirTag tenha sido retirado do sapato.[17]

Os outros dez pares de tênis terminaram fazendo uma viagem de barco para a cidade de Batam, na Indonésia. Dois deles foram localizados em lojas no local, inclusive, utilizaram o recurso que faz os rastreadores emitirem um sinal sonoro para serem encontrados com maior facilidade. Desde

2015, a importação de roupas e calçados usados é proibida por lei no país asiático, devido a questões sanitárias. As instituições informais, contudo, imperam: esse mercado gera milhões de dólares e várias lojas seguem vendendo esses produtos que, em grande parte, vêm de outro continente.[17]

Procurada pela *Reuters*, a petroquímica americana disse que abriu uma investigação e, como resultado, encerrou o contrato com a exportadora, ressaltando que reprova o desvio de função dos tênis, mas não explicou por que a sua parceira havia feito isso. Esta, por sua vez, disse que a exportadora encerrou em razão do fim do tempo do contrato.[17]

Curiosamente, o aparelhinho da Apple tem sido utilizado também por órgãos governamentais. Em maio de 2022, agentes da fronteira americana interceptaram dois pacotes vindos de Xangai, na China. Dentro de um, havia uma prensa de comprimidos, uma máquina usada para prensar pós em comprimidos e, no outro, alguns corantes de comprimidos. Acreditando que eles se destinavam a um fabricante ilegal de narcóticos, a Agência Antidrogas dos EUA foi chamada. Os investigadores da DEA — *Drug Enforcement Administration* (Administração de Fiscalização de Drogas) inspecionaram os dispositivos, mas em vez de cancelar a remessa ou fazer uma visita ao destinatário pretendido, tentaram algo inédito: eles esconderam um Apple AirTag dentro da prensa de comprimidos para que pudessem rastrear seus movimentos.[18]

Parece ser o primeiro caso conhecido de uma agência federal transformando o dispositivo de rastreamento de localização da Apple em uma tecnologia de vigilância. Mostra como um rastreador em miniatura da gigante da tecnologia deixou de oferecer aos consumidores uma maneira prática de controlar bagagens e outros objetos de valor, tornando-se uma ferramenta de espionagem remota. Entretanto pode não ser tão útil quanto os policiais esperariam. A Apple há muito incorporou proteções contra o uso sub-reptício de AirTags. Depois de inúmeros casos em que *stalkers* abusaram da tecnologia para rastrear mulheres, que culminaram em uma ação coletiva contra a Apple em dezembro de 2022, a empresa lançou uma atualização para que os iPhones avisassem os usuários quando um dispositivo de rastreamento desconhecido fosse detectado, via Bluetooth, em sua pessoa. Os AirTags também emitirão um sinal sonoro quando não estiverem perto de seu proprietário por um longo período de tempo.[18]

Inovações como o dispositivo da Apple podem ser utilizadas de forma positiva ou negativa. De qualquer forma, a inovação proporciona agilidade às empresas e, também, pode ser uma importante ferramenta em suas ações socioambientais e de governança.

Em plena pandemia de COVID-19, a fabricante de cosméticos Natura inovou mais do que nos anos anteriores, como revela o índice de inovação que mede a participação da venda de produtos lançados *versus* os produtos vigentes no portfólio. Ele chegou a 67,1% em 2020, o mais alto desde 2015. Somente em 2020, a marca depositou 38 novas patentes no mercado, lançando mais de 200 produtos no Brasil. Na prática, só é considerado inovação aquele lançamento que traz novo conceito ou tecnologia. "No caso da Natura, consideramos a participação de vendas dos produtos lançados nos últimos 24 meses na receita bruta total do último ano e consideramos lançamentos aqueles que representam uma nova **proposta de valor** para o consumidor, como novas embalagens e/ou formulações", disse a líder global de P&D (Pesquisa e Desenvolvimento) da Natura, Roseli Mello.[19]

Enfrentar as mudanças climáticas, defender os direitos humanos e apoiar a economia circular são alguns dos compromissos e parte dos resultados já estão atrelados a eles. Entre os produtos, 93% têm ingredientes naturais, e 84% são veganos. "São inovações que se consolidaram em 2020 e estão sendo desenvolvidas nos últimos anos", diz a executiva da empresa. Já no portfólio de enxaguáveis, 93% são biodegradáveis. Inclusive, embalagem é parte da inovação. Em Kaiak Oceano, por exemplo, a novidade é a utilização de plástico retirado do oceano em parte da embalagem. A Natura também tirou o celofane, uma medida que parece simples, mas que demandou adaptações na linha de produção, sem deixar de entregar o mesmo valor para o cliente final.[19]

Em março de 2020, por exemplo, foi inaugurado no interior de São Paulo, o mais moderno parque tecnológico da Natura na América Latina, com uma melhor infraestrutura de dados, uso de inteligência artificial, entre outros. Além disso, foram intensificadas as práticas de gestão focadas em metodologias ágeis. As 250 pessoas que trabalham com **pesquisa e desenvolvimento** na Natura passaram a se organizar em grupos independentes para cada marca, facilitando o desenvolvimento dos processos. E são mais 320 pessoas abaixo da vice-presidência de *marketing*, inovação e sustentabilidade. "Hoje 70% das pesquisadoras científicas da Natura são mulheres, um dado importante quando as mulheres ainda não são maioria nas pesquisas científicas das empresas em geral", concluiu a líder global de P&D da Natura.[19]

Enquanto algumas empresas focam na inovação, outras buscam a excelência quando o assunto é a mobilidade. E, para isso, é importante a transparência, *compliance*, ética e auditoria. A CCR, empresa de infraestrutura, foi a primeira companhia a aderir ao Novo Mercado da Bolsa de Valores de São Paulo, em 2002. Foi um passo ousado, em uma época em que pouco se falava sobre governança no país. Anos mais tarde, a Operação Lava Jato, e a necessidade de fazer um acordo de leniência de R$750 milhões, colocou em xeque a reputação e os negócios da CCR. Foi a maior crise vivida pela companhia, e a resposta para o desafio foi encontrada naquilo que a diferenciou no mercado por tanto tempo: **a governança.** De quebra, a CCR também mergulhou no ESG ao definir sua estratégia para os próximos anos. A grande virada foi dada em 2021, quando foi aprovada a Ambição 2025, conjunto de metas com cinco dimensões: reputação, ESG, clientes, colaboradores e negócios.[20]

"Nosso negócio está voltado para a mobilidade urbana: queremos impactar positivamente a vida das pessoas que utilizam nossas rodovias, nossos metrôs e trens e nossos aeroportos", afirma o CEO do Grupo CCR. "E o fio condutor do planejamento estratégico de toda a organização está baseado em práticas ESG." Esse processo teve início anos antes, quando o conselho de administração do grupo iniciou as transformações estruturais na companhia.[20]

Anteriormente, mencionei um termo chamado *compliance* e creio ser importante discutirmos mais sobre ele. Governança corporativa e *compliance* são técnicas modernas e que representam importantes e eficientes mecanismos de melhoria de fluxos, processos, procedimentos e condutas empresariais. Devem ser tratados como elementos fundamentais na estratégia das organizações, visto que despendem de tempo, energia e dinheiro, mas que se revertem em melhorias, garantindo a sustentabilidade econômica, social e ambiental da empresa.[21]

Compliance é entendido no meio corporativo como um conjunto de técnicas para fazer cumprir normas legais e regulamentares, políticas e diretrizes estabelecidas na empresa para suas atividades. Adicionalmente, tem como objetivo evitar, detectar e tratar de desvios ou não conformidades que possam ocorrer. Para se ter uma boa governança, é necessário difundir para cada membro da organização e pessoa relacionada, o conceito e o dever de estar em cumprimento a normas internas, leis e regulamentos a que a organização está submetida, isto é, estar em *compliance*. Quando uma empresa está em *compliance*, significa que ela está em conformidade, sendo assim, ela está cumprindo normas, regulamentos e leis, tanto no âmbito interno quanto no externo.[21]

Existe uma *start-up* chamada upLexis que fornece tecnologia para o mercado de *compliance*. Eles criaram uma plataforma que coleta informações em tempo real para otimizar os processos de tomada de decisões. Por isso, quando uma empresa resolve contratar um serviço, ela pode fazer uma checagem e ver, por exemplo, se determinado fornecedor está envolvido com processos ambientais ou multas por irregularidades.

Em seu portfólio, a upLexis oferece tecnologia para gestão de riscos e *compliance*, auxiliando o cliente a automatizar seus processos e ter mais segurança no relacionamento com terceiros, além de atender a regulamentação e se prevenir de fraudes com soluções personalizadas.[22]

6.4 A governança é a base para boas práticas ambientais e sociais

Quando refletimos sobre as práticas ESG nas organizações algo parece ser claro: existe uma associação íntima entre o aspecto "ambiental" e o "social", ficando difícil dissociar uma coisa da outra. Por outra parte, a "governança" diz respeito mais à forma como as atividades, tarefas e temas da organização serão realizados, buscando a transparência e eficiência nessas ações.[21]

Se os pilares "ambiental" (E de *environmental*) e "social" (S de *social*) do ESG são, de certa forma, indissociáveis. Então uma boa alternativa é tentar apresentar um modelo em que isso fique fácil de entender.[5] Uma configuração interessante é inspirada no *yin-yang*.[23]

No modelo proposto a seguir, os dois pilares citados repousam sobre uma base que é a "governança" (G de *governance*), que criará as condições necessárias para que tanto o "ambiental" como o "social" sejam implementados de forma prática, ética, transparente e eficaz nas organizações:[21]

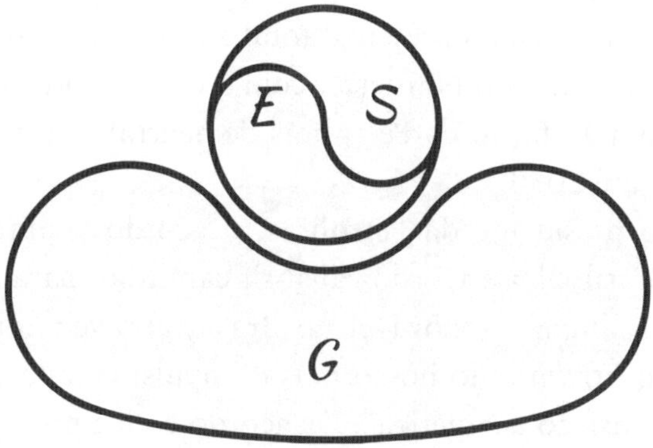

Figura 11. Ilustrada por: Robson Ribeiro Alves (2023).

Podemos entender que, se uma organização pretende seguir o caminho da responsabilidade socioambiental por meio de processos de governança éticos, transparentes e em consonância com as expectativas dos *stakeholders*, em primeiro lugar deve haver o comprometimento indispensável da "alta administração". Esta, geralmente, é composta por proprietários, acionistas, sócios, gerentes e investidores da companhia.

Como ocorre em todos os processos vitais em uma organização, é a "alta administração" que deve desencadear a cultura da sustentabilidade ambiental nos diversos níveis organizacionais e divisões da empresa. Isso ocorre porque eles são os tomadores de decisão de todos os processos estratégicos numa corporação.

Por outro lado, se a responsabilidade socioambiental não for algo em que a "alta cúpula" acredite ou, mais ainda, se não a considerar como estratégico e que precisa ser implementada na empresa, de nada adianta os níveis inferiores iniciarem um trabalho visando tal objetivo, pois ele não chegará a resultados satisfatórios.

Ao pensarmos na governança como base para as ações ambientais e sociais nas organizações, a Petrobras e a Equinor — estatal norueguesa — firmaram uma parceria que possibilita ampliar a instalação de novos parques eólicos, modalidade que gera energia usando a força do vento, em seis estados do litoral brasileiro: Rio de Janeiro, Espírito Santo, Piauí, Ceará, Rio Grande do Norte e Rio Grande do Sul, com potencial de geração de 14,5 gigawatts (GW). Em 2018, as duas empresas assinaram um acordo para dois parques eólicos, localizados na região litorânea entre os estados do Rio de Janeiro e Espírito Santo. A ampliação atual do escopo contará com mais cinco projetos, totalizando sete parques, em outras regiões, principalmente no Nordeste, com a entrega prevista até 2028. O plano considera a ambição da Petrobras de neutralizar emissões de gases de efeito estufa até 2050.[24]

Segundo o presidente da Petrobras, o acordo facilitará a transição energética do Brasil: "Esse acordo vai abrir caminhos para uma nova fronteira de energia limpa e renovável no Brasil, aproveitando o expressivo potencial eólico *offshore* do nosso país e impulsionando nossa trajetória em direção à transição energética". De acordo com a nota divulgada pelas empresas, o Brasil terá oportunidades com a geração de energia eólica, porque a geografia do país favorece esse tipo de energia: "A tecnologia associada à geração eólica utiliza a força dos ventos no mar para a produção de energia renovável — e as principais vantagens são a elevada velocidade e estabilidade dos ventos em alto-mar, livres de interferência de barreiras, como rugosidade do solo, florestas, montanhas e construções, por exemplo".[24]

A Equinor, que atua no Brasil há mais de 20 anos no setor de óleo e gás, tem confiança na parceria firmada com a empresa brasileira: "A Equinor e a Petrobras têm uma longa história de parceria de sucesso. Estamos felizes em expandir nossa colaboração para renováveis, possibilitando uma ampla oferta de energia no Brasil. Juntos, estamos engajados ativamente para contribuir com a realização da energia eólica *offshore* e da transição energética do Brasil, criando as condições iniciais necessárias para que a energia renovável se desenvolva de maneira sustentável", disse Anders Opedal, o CEO do grupo.[24]

Já o Grupo Boticário aponta suas estratégias em outro caminho. Um dos maiores conglomerados de beleza do planeta, a companhia anunciou duas relevantes iniciativas que condizem com as expectativas desse consumidor mais engajado. A primeira delas é a meta de banir, até 2025, o uso de matérias-primas de origem animal em todas as suas marcas. A partir de 2021, todos os lançamentos passaram a ser completamente veganos. O trabalho vem sendo feito desde 2017, segundo Gustavo Dieamant — diretor de Produto & Desenvolvimento do Grupo Boticário —, e falta pouco para chegar ao portfólio totalmente vegano. Em 2020, 85% do desenvolvimento de produtos (mais de mil opções) já não contou com ingredientes de fonte animal e, nos próximos 3 anos, os 15% restantes vão passar por um processo de reformulação e adequação.[25]

Para o diretor, a substituição de matéria-prima é certamente a parte mais desafiadora dessa jornada, porque requer um novo desenvolvimento de produto. "É como começar do zero. Em algumas categorias é mais simples, como loções corporais. Em outras, porém, como a perfumaria, o trabalho é bem mais complexo", esclarece. "E temos todo o cuidado de não alterar a entrega para o nosso consumidor, por isso são feitos muitos e muitos testes." A cadeia de fornecimento também traz um pouco de dificuldade para essa transição, pois nem todo fornecedor está preparado. "Muitas vezes, ele não tem a nova matéria-prima que precisamos, mas a desenvolve especificamente para nós. E isso leva tempo."[25]

Embora seja desafiador, encabeçar a mobilização de toda a cadeia em busca de substâncias alternativas é também uma grande conquista para a empresa, que historicamente sempre teve essa postura vanguardista. Gustavo Dieamant conta que, hoje, quando um grande fornecedor oferece uma matéria-prima para o Grupo, já sabe que não deve ter origem animal e que precisa ser sustentável e ter todos os processos rastreados. "Aí, a gente vê que consegue mexer o ponteiro de maneira bastante significativa", diz o diretor. Nesse sentido, o maior ganho para a companhia é servir de inspiração para o mercado. "Como uma empresa grande que somos — e relevante diante da opinião pública —, percebemos que nossas ações podem mudar muita coisa. Por isso, o principal fruto desse projeto é transformar o mercado como um todo, conseguir motivar pequenas e grandes empresas a seguir o mesmo caminho."[25] Mas nem tudo são flores.

Algumas situações expõem a fragilidade da governança em algumas companhias. Duas empresas de referência no Brasil e na Índia se envolveram em acusações de graves erros de governança corporativa. O escândalo de R$43 bilhões da brasileira foi resultado de erro ou fraude contábil. O escândalo de US$17 bilhões da indiana, um pouco mais de R$80 bilhões, vem de acusações de manipulação e fraude contábil, lavagem de dinheiro em paraísos fiscais e corrupção. As falhas na governança das duas empresas são reflexos de arraigadas deficiências corporativas na cultura delas. Para ajudar líderes empresariais a aprender com essas falhas e evitar repeti-las, foram identificados alguns dos erros mais comuns por trás das falhas na governança corporativa.[26]

Uma das razões mais óbvias para falhas na governança corporativa é um conselho de administração ineficiente. Há sinais de alerta que indicam quando os conselhos estão em perigo de falha de governança. Algumas das razões mais frequentes são as limitações nas habilidades dos conselheiros, a falta de experiência dos integrantes do conselho nas áreas de negócios da empresa e a impossibilidade dos diretores estatutários ou não estatutários de relatar indicações de um direcionamento que levará ao colapso.[26]

Processos intrincados e complexos são necessários às vezes. No entanto o fato é que processos excessivamente complexos costumam estar na **raiz do fracasso da governança.** Os lapsos na comunicação estão ao lado da complexidade dos processos, para evitar que o conselho de administração, fiscal, auditoria ou *compliance* seja devidamente informado. Uma má comunicação causa desastres, pois nada é pior do que uma empresa enfrentar, tardiamente, falhas contábeis ou questões de integridade. Se mal informado, até mesmo o mais eficiente conselho de administração ou fiscal não perceberá a tempo o impacto potencial e as consequências reais dos problemas. O mesmo se dá em relação aos processos de auditoria, internos ou externos, quando se tenta minimizar, por culpa ou dolo, os sinais de alerta; ou quando há falhas na comunicação dos riscos aos auditores, criando um verdadeiro "teto de vidro" na governança da empresa, para camuflar os sinais de alerta que deveriam ser enviados ao conselho de administração ou fiscal.[26]

Outro motivo para o fracasso na governança corporativa é a incapacidade do conselho de administração e da diretoria executiva de **lidar com o risco**, perpetuando problemas. Uma série de ambiciosas fusões e aquisições é um exemplo de risco ignorado, gerando rápido crescimento, mas que pode estar por trás do colapso da empresa.[26]

A maximização dos lucros aos acionistas e altos executivos pode gerar uma cultura que facilita uma inclinação por condutas questionáveis, em matéria de integridade. A famosa regra do 20-70-10, de Jack Welch, que recompensa os 20% melhores, mantém e impulsiona 70% do pessoal, além de eliminar os 10% com performance abaixo do esperado, é uma cultura empresarial que, ao final, pode levar a comportamentos desonestos, antiéticos ou corruptos. A sigla ESG — ou melhor, o G da **governança** corporativa — é totalmente ignorada em alguns casos. Desastres na governança corporativa quase sempre podem ser evitados, mas infelizmente, parece que líderes empresariais não aprendem jamais e que sempre haverá mais um desastre no horizonte.[26]

Assim, para resumirmos os aspectos de **governança corporativa** (terceiro pilar do ESG) que devem servir de referência para o Gestor de ESG, podemos elencar temas importantes:

1. Gestão de riscos.
2. Relacionamento com os acionistas e demais investidores.
3. Transparência, ética, *compliance* e planejamento.

Referências do capítulo

1 G1. **Homem negro é espancado até a morte em supermercado do grupo Carrefour em Porto Alegre.** 2020. Disponível em: https://g1.globo.com/rs/rio-grande-do-sul/noticia/2020/11/20/homem-negro-e-espancado-ate-a-morte-em-supermercado-do-grupo-carrefour-em-porto-alegre.ghtml. Acesso em: 15 abr. 2023.

2 MACHADO, Lívia. **Cachorro abandonado é envenenado e espancado por funcionário de Carrefour em Osasco, dizem ativistas.** 2018. Disponível em: https://g1.globo.com/sp/sao-paulo/noticia/2018/12/04/cachorro-abandonado-e-envenenado-e-espancado-por-funcionario-de-hipermercado-em-osasco-dizem-ativistas.ghtml. Acesso em: 15 abr. 2023.

3 CNN BRASIL. **Empresa de segurança terá que pagar R$ 1,8 milhão por morte de homem no Carrefour.** 2021. Disponível em: https://www.cnnbrasil.com.br/nacional/empresa-de-seguranca-tera-que-pagar-r-18-milhao-pela-morte-de-beto-freitas/. Acesso em: 15 abr. 2023.

4 PODER 360. **Caso João Alberto:** Carrefour implanta novo sistema de segurança no país. 2021. Disponível em: https://www.poder360.com.br/brasil/caso-joao-alberto-carrefour-implanta-novo-sistema-de-seguranca-no-pais/. Acesso em: 15 abr. 2023.

[5] DW – DEUTSCHE WELLE. **O caso de trabalho análogo à escravidão em vinícolas no RS.** 2023. Disponível em: https://www.dw.com/pt-br/o-que-se-sabe-sobre-caso-de-trabalho-an%C3%A1logo-%C3%A0-escravid%C3%A3o-no-rs/a-64865707. Acesso em: 16 abr. 2023.

[6] UOL. **PF não vê participação de vinícolas do RS em trabalho análogo à escravidão.** 2023. Disponível em: https://noticias.uol.com.br/cotidiano/ultimas-noticias/2023/03/18/pf-nao-ve-participacao-de-vinicolas-do-rs-em-trabalho-analogo-a-escravidao.htm. Acesso em: 16 abr. 2023.

[7] CARTA CAPITAL. **Vinícolas gaúchas pagarão R$ 7 milhões em indenizações por trabalho escravo.** 2023. Disponível em: https://www.cartacapital.com.br/justica/vinicolas-gauchas-pagarao-r-7-milhoes-em-indenizacoes-por-trabalho-escravo/. Acesso em: 16 abr. 2023.

[8] CASEMIRO, Poliana; MOREIRA, Matheus. **Vinícolas pagarão R$ 9.661 em indenização a cada trabalhador resgatado em condição de escravidão no RS.** 2023. Disponível em: https://g1.globo.com/rs/rio-grande-do-sul/noticia/2023/03/10/vinicolas-pagarao-r-9661-a-cada-trabalhador-em-indenizacao-por-trabalho-escravo.ghtml. Acesso em: 16 abr. 2023.

[9] ALESSI, Gil; DALLABRIDA, Poliana; HARARI, Isabel. **Medidas de supermercados contra trabalho escravo não detectaram caso em vinícolas fornecedoras.** 2023. Disponível em: https://reporterbrasil.org.br/2023/03/medidas-de-supermercados-contra-trabalho-escravo-nao-detectaram-caso-em-vinicolas-fornecedoras/. Acesso em: 16 abr. 2023.

[10] OSORIO, Ana. **Oito ações de diversidade e inclusão nas empresas: um passo a passo.** 2022. Disponível em: https://orienteme.com.br/blog/acoes-de-diversidade-e-inclusao-nas-empresas/. Acesso em: 16 abr. 2023.

[11] ANTUNES, Renata; AUADA, Victoria; FABER, Renata. **Para Microsoft e Salesforce, a diversidade é uma vantagem competitiva.** 2020. Disponível em: https://exame.com/esg/para-microsoft-e-salesforce-a-diversidade-e-uma-vantagem-competitiva/. Acesso em: 16 abr. 2023.

[12] DEAUX, Joe; DURAO, Mariana. **Vale quer ter 40% de seus cargos de liderança ocupados por negros até 2026.** 2021. Disponível em: https://exame.com/esg/vale-quer-ter-40-de-seus-cargos-de-lideranca-ocupados-por-negros-ate-2026/. Acesso em: 16 abr. 2023.

[13] ASSAD, Isabella; ZERLOTTINI, Matos. **Diferenças entre assédio moral e assédio sexual.** 2023. Disponível em: https://www.politize.com.br/diferencas-entre-assedio-moral-e-assedio-sexual/#:~:text=O%20

ass%C3%A9dio%20moral%20%C3%A9%20um,e%20at%C3%A9%20 mesmo%20agress%C3%B5es%20f%C3%ADsicas. Acesso em: 16 abr. 2023.

14 EXAME. **Treinamentos sobre assédio agora são obrigatórios:** entenda como tratar o tema na sua empresa. 2023. Disponível em: https://exame.com/negocios/treinamentos-sobre-assedio-agora-sao-obrigatorios-entenda-como-tratar-o-tema-na-sua-empresa/. Acesso em: 16 abr. 2023.

15 MOREIRA, Matheus; SADI, Andréia. **Efeito Pedro Guimarães:** Justiça do Trabalho manda Caixa a combater assédio sexual e moral contra funcionários. Disponível em: https://g1.globo.com/politica/blog/andreia-sadi/post/2022/10/27/liminar-caixa-assedio-moral-sexual.ghtml. Acesso em: 16 abr. 2023.

16 VIRI, Natalia. **Em carta a CEOs, Larry Fink cobra plano para "net-zero" em carbono.** 2021. Disponível em: https://www.capitalreset.com/em-carta-a-ceos-larry-fink-cobra-plano-para-net-zero-em-carbono/. Acesso em: 16 abr. 2023.

17 ZAIDAN, João Vitor Sales. **AirTags ajudam a revelar esquema falso de reciclagem.** 2023. Disponível em: https://macmagazine.com.br/post/2023/02/27/airtags-ajudam-a-revelar-esquema-falso-de-reciclagem/. Acesso em: 16 abr. 2023.

18 BREWSTER, Thomas. **Como o AirTag da Apple se transformou em uma ferramenta de vigilância.** 2023. Disponível em: https://forbes.com.br/forbes-tech/2023/03/como-o-airtag-da-apple-se-transformou-em-uma-ferramenta-de-vigilancia/#:~:text=Desde%20o%20seu%20lan%C3%A7amento%20 em,os%20usam%20para%20seguir%20mulheres%20. Acesso em: 16 abr. 2023.

19 FILIPPE, Mariana. **Natura registra maior índice de inovação dos últimos anos.** 2021. Disponível em: https://exame.com/negocios/natura-registra-maior-indice-de-inovacao-dos-ultimos-anos/. Acesso em: 16 abr. 2023.

20 CAETANO, Rodrigo. **Na CCR, o ESG começa pela governança.** 2022. Disponível em: https://exame.com/esg/na-ccr-o-esg-comeca-pela-governanca/. Acesso em: 16 abr. 2023.

21 ALVES, Ricardo Ribeiro. **ESG:** O presente e o futuro das empresas. Petrópolis: Vozes, 2023.

[22] UPLEXIS. **Tecnologia para gestão de riscos e compliance.** [s.d.]. Disponível em: https://uplexis.com.br/?utm_campaign=Institucional&utm_source=ppc&utm_content=nova_lp_solicite_teste_outubro&utm_term=uplex&utm_campaign=UPLEXIS&utm_source=adwords&utm_medium=ppc&hsa_acc=9710572500&hsa_cam=1979024555&hsa_grp=70170225839&hsa_ad=477510088738&hsa_src=g&hsa_tgt=kwd-300296432344&hsa_kw=uplex&hsa_mt=b&hsa_net=adwords&hsa_ver=3&gclid=EAIaIQobChMIkeGL4qiv_gIVQ-ZcCh0VhA4jEAAYASAAEgIFnfD_BwE. Acesso em: 16 abr. 2023.

[23] "Yin e Yang são conceitos do taoismo que expõem a dualidade de tudo que existe no universo. Descrevem as duas forças fundamentais opostas e complementares que se encontram em todas as coisas: o yin é o princípio da noite, a Lua, a passividade, absorção. O yang é o princípio do Sol, do dia, a luz e atividade."

LAO-TSÉ. **Tao Te Ching:** o livro que revela Deus. 5. ed. São Paulo: Martin Claret, 2013. 154 p.

[24] FÉLIX, Thiago. **Petrobras e estatal norueguesa firmam acordo para instalação de 7 parques eólicos.** 2023. Disponível em: https://www.cnnbrasil.com.br/economia/petrobras-e-estatal-norueguesa-firmam-acordo-para-instalacao-de-7-parques-eolicos/#:~:text=A%20Petrobras%20e%20a%20Equinor,Grande%20do%20Sul%2C%20com%20potencial. Acesso em: 16 abr. 2023.

[25] COSMETIC INNOVATION. **Grupo Boticário anuncia meta de banir ingredientes de origem animal.** 2021. Disponível em: https://cosmeticinnovation.com.br/grupo-boticario-anuncia-meta-de-banir-ingredientes-de-origem-animal/. Acesso em: 16 abr. 2023.

[26] ESTADÃO. **Americanas e Adani:** Os erros mais comuns na governança corporativa. 2023. Disponível em: https://www.estadao.com.br/politica/gestao-politica-e-sociedade/americanas-e-adani-os-erros-mais-comuns-na-governanca-corporativa/. Acesso em: 16 abr. 2023.

07

COMO CONSTRUIR UMA CARREIRA EM ESG?

7.1 Conhecimento, criatividade e inovação constroem qualquer carreira de sucesso

Se me perguntarem o que é mais importante para a construção de uma carreira de sucesso em ESG, eu vou lhes dizer aquilo que vale, no meu entendimento, para **qualquer tipo de profissão**: ter *conhecimento* sobre o assunto e estar sempre *motivado*, independentemente dos anos de experiência que possua!

E, acrescentaria, usando a palavra que eu mais gosto quando se trata de trabalho, seja em empresas ou na área acadêmica: *profissionalismo*! O dicionário Michaelis define "profissionalismo" como o "atributo de um profissional", "conjunto de características de bons profissionais" e, mais ainda, "caráter profissional de certa atividade".[1] Em resumo, podemos dizer que "não basta saber" (ter conhecimento), mas é preciso "mostrar a todo o momento a qualidade de seu trabalho, ter a humildade de saber que sempre existirá alguém que saiba mais do que a gente e, por isso mesmo, aperfeiçoar-se continuamente por meio de diversos tipos de aprendizagem", ou seja, estar motivado e agir com profissionalismo. Não é uma "receita de bolo", porém é um caminho seguro, penso eu.

E qual a importância do "conhecimento"? Ora, é por meio do "conhecimento" que o ser humano é capaz de aguçar a sua "criatividade" e, por meio desta, ele é capaz de "inovar".

Vejam o esquema da figura a seguir:

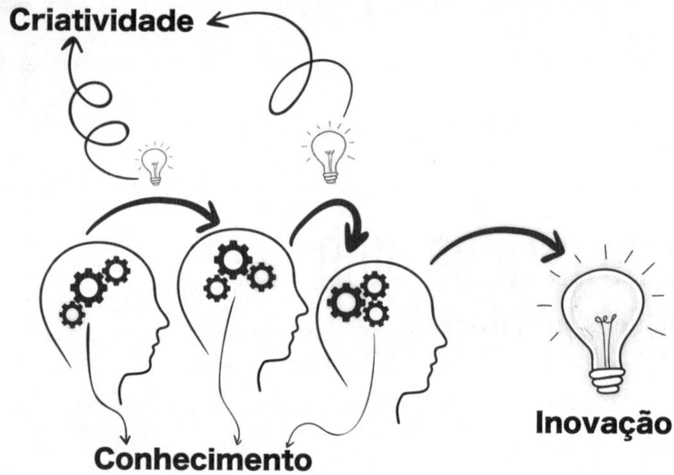

Figura 12. Ilustrada por: Robson Ribeiro Alves (2023).

Mas o que é exatamente "criatividade" e "inovação"? A **criatividade** representa a aplicação da engenhosidade e imaginação para proporcionar uma nova ideia, diferentes abordagens ou uma nova solução para um problema qualquer. Além disso, ela é essencial para as organizações que enfrentam demandas em um ambiente que constantemente é instável e mutável. Já a **inovação** é um processo de criar novas ideias e colocá-las em prática. Podem ocorrer de duas formas: inovação de processos, com a criação de novas maneiras de fazer as coisas; inovação de produtos, que pode resultar na criação de novos produtos ou serviços e que sejam melhorados em relação ao que existia anteriormente[2].

Dessa forma, partimos do princípio que uma pessoa esteja "motivada", que seja "profissional", na acepção da palavra, e tenha "conhecimento" sobre determinada área. Teremos, então, as condições propícias para que essa pessoa seja capaz de aguçar a sua "criatividade", isto é, pensar soluções, novos caminhos e novas possibilidades para que, se viável, colocar em prática, e assim "inovar". Alguém poderia me perguntar:

"Então, se eu for uma pessoa motivada e agir com profissionalismo, mas não tiver muito conhecimento sobre determinado assunto, ainda assim eu terei condições de inovar?" A resposta mais direta e franca possível é um sonoro "não". **É difícil se ter criatividade sobre um assunto que não**

se domina, da qual se tem pouco conhecimento. Por isso, ter conhecimento é chave para ser criativo e, posteriormente, inovar.

Vou apresentar um exemplo que vai ilustrar o que eu quero dizer a vocês. A Unilever e a Seventh Generation são duas empresas que trabalham com produtos de limpeza e de higiene. E elas são inovadoras no quesito "embalagem sustentável".

A Unilever, por exemplo, conseguiu usar a tecnologia para embalar produtos líquidos em garrafas à base de papel, as primeiras de seu tipo, feitas de celulose de origem sustentável e projetadas para serem recicladas no fluxo de resíduos de papel. Os frascos são borrifados internamente com um revestimento patenteado que repele a água, permitindo que o material de embalagem, à base de papel, retenha produtos líquidos como sabão em pó, shampoo e condicionadores, que contêm surfactantes, fragrâncias e outros ingredientes ativos. Criar embalagens recicláveis baseadas em papel sem camadas de plástico adicionais é um grande desafio. A embalagem de celulose patenteada da Pulpex oferece uma solução promissora para reduzir radicalmente o uso de plástico e ajuda a Unilever a cumprir seus compromissos com um mundo livre de resíduos[3].

O diretor de P&D da Unilever, Richard Slater, disse:

> Para lidar com o lixo plástico, precisamos repensar completamente como projetamos e embalamos os produtos. Isso requer uma mudança drástica que só pode ser alcançada por meio da colaboração de todo o setor. A tecnologia de garrafas à base de papel Pulpex é um passo empolgante na direção certa, e estamos muito satisfeitos por trabalharmos juntos para testar essa inovação para nossos produtos. Inovar com materiais alternativos é uma parte fundamental de nossa estratégia de embalagem sustentável e terá um papel importante em nosso compromisso de reduzir pela metade o uso de materiais plásticos virgens até 2025. (Slater, Richard. 2021).

Os consumidores estão cada vez mais conscientes do impacto dos produtos no planeta, fazendo escolhas de compra com base em fatores de sustentabilidade, incluindo as embalagens. A entrega de produtos funcionalmente superiores e que tratam de questões ambientais com as quais as pessoas se preocupam, como a embalagem sustentável inovadora anunciada pela empresa, tornará a Unilever uma empresa mais forte e bem-sucedida.[3]

Já a Seventh Generation é uma das poucas empresas inquestionavelmente de vanguarda no movimento verde. Fundada há mais de 20 anos — com a missão centrada na responsabilidade social, antes até que o próprio conceito de produto verde existisse —, hoje é uma das líderes na fabricação de produtos naturais para o lar. De acordo com seu fundador, a companhia se posiciona como uma "empresa verde", e não de "dona de produtos verdes". "Somos uma empresa verde com tudo o que isso implica, porque ser sustentável depende dos produtos que se vendem, de sua cultura interna, do sentimento de propriedade que têm os funcionários e da transparência corporativa."[4]

Na Natural Products Expo West, em Anaheim, nos Estados Unidos, a Seventh Generations revelou seu Detergente Natural 4X, em uma garrafa de papel fornecida pela Ecologic Brands. A empresa de detergentes e produtos domésticos diz que a garrafa usa 66% menos plástico do que uma garrafa típica de lavanderia e é totalmente reciclável.[5]

A garrafa tem a mesma estrutura híbrida da garrafa Straus Family Creamery, que ajudou o laticínio a aumentar suas vendas de leite desnatado em 72% no Whole Foods' Market. Composta por um invólucro externo e uma bolsa interna, a garrafa é feita para desmontar facilmente para reciclagem. A casca externa se solta da bolsa interna após o uso e pode ser reciclada até sete vezes mais ou compostada. Dentro, há uma fina bolsa de plástico e que pode ser reciclada com sacolas plásticas nas lixeiras do varejista. A tampa é feita de plástico PP nº 5, um plástico que pode ser reciclado por meio do programa Preserve Gimme 5.[5]

Pelo que foi descrito nos parágrafos anteriores, o que aproxima essas duas companhias é a criação de garrafas feitas de papel. Mas eu pergunto para vocês:

> "O que é preciso para que uma empresa crie uma garrafa inovadora, feita de papel ou de papelão, e não mais da matéria-prima tradicional que é o plástico?"

A resposta mais óbvia seria: "idealmente, ter uma equipe de pesquisa e desenvolvimento composta por profissionais que entendam de matéria--prima de embalagens".

Ok, mas eu, Ricardo, sou formado em Administração, sou uma pessoa "motivada", ajo com "profissionalismo" e gosto de estudar embalagens, mas **não tenho o conhecimento técnico sobre as matérias-primas dos invólucros dos produtos**. Tenho chance de participar dessa equipe de "pesquisa e desenvolvimento"? Na parte técnica, certamente que "não".

No máximo, dentro do meu conhecimento como Administrador, eu poderia opinar, posteriormente, em questões relacionadas ao manuseio do produto pelo consumidor ou em aspectos diretamente envolvidos ao rótulo de papel que estará afixado na embalagem. Mas como sugerir algo relacionado à matéria-prima se me faltam conhecimentos técnicos?

Assim, será um Engenheiro Químico ou um Engenheiro de Materiais — ou qualquer outro profissional detentor de conhecimento técnico sobre matérias-primas utilizadas em embalagens — que poderá propor a migração de uma embalagem feita de plástico por uma feita de papel ou papelão, como foi no caso da Unilever e da Seventh Generation.

Graças ao **conhecimento técnico**, esses profissionais serão capazes de **aguçar a sua criatividade** e pensar soluções e alternativas. Então irão desenvolver protótipos e, depois de "erros e acertos", chegarão a uma versão aceita comercialmente, o que pode demorar longos anos. Dessa forma, chegaremos a **inovação** de um produto.

Mas será que uma inovação pode demorar tantos anos assim? Certamente. Lembre-se que no capítulo 5 eu comentei sobre a máquina de café Dolce Gusto Neo, da Nestlé, e que utiliza cápsulas de papel. O sistema NEO foi resultado de 5 anos de pesquisas inovadoras.[6]

O que quero deixar claro é que, para ser "criativo" nessa área, é necessário ter um mínimo de **conhecimento** suficiente sobre o assunto para, então, **aguçar a criatividade** e realmente **desenvolver produtos inovadores**.

Ah, mas eu não tenho conhecimentos sobre ESG. A dica é a mesma: busque conhecimento, faça cursos sobre ESG, sobre sustentabilidade ambiental, sobre governança, sobre aspectos sociais. Vá adquirindo conhecimento sobre o tema que lhe permita, aos poucos, ganhar mais **autoridade** para trabalhar com ESG. E alie isso com experiência. Comece por baixo e vá, aos poucos, ganhando mais responsabilidade na atuação em ESG.

Outro dia, estava preparando uma palestra e ia falar justamente sobre o poder dessa tríade (conhecimento, criatividade e inovação). Fiquei pensando em como adquirimos conhecimento em nossa sociedade moderna. Já pararam para pensar que o ser humano sempre aprende com outro ser humano? Somente falamos porque ouvimos, desde crianças, as outras pessoas falarem. Sendo assim, somos capazes de aprender um ou mais idiomas desde a mais tenra idade. Vamos para a escola e lá temos o apoio de nossos mestres, que nos ensinam as diversas matérias importantes para o nosso aprendizado. Posteriormente, o mesmo ocorre quando vamos para a universidade fazer um curso superior. Ou, então, quando começamos num novo emprego e alguém nos ensina o serviço. Logo, podemos dizer que:

O conhecimento humano vem do que aprendemos de outros seres humanos. Logicamente, aprendemos e somos capazes de criar coisas diferentes, algumas até inéditas, mas a base do conhecimento é aprendida por meio de outras pessoas.

Ah, mas eu aprendi muita coisa lendo livros e assistindo vídeos no YouTube, dirão alguns! Porém todos esses materiais foram desenvolvidos por alguém. Modernamente, não precisamos de contatos físicos com mestres e tutores para aprendermos. As ferramentas digitais nos proporcionam aprendizado, mas, ainda assim, indiretamente o conhecimento veio de outro ser humano. É o que costumo chamar de **"conhecimento aprisionado"** em livros, vídeos etc. O mesmo raciocínio se aplica à literatura. Uma pessoa no século XXI é capaz de ler um livro de Machado de Assis que foi escrito no século XIX. De forma mais aprofundada, podemos dizer que o genial escritor "aprisionou" a história que tinha em sua mente em um formato de livro e essa história "viajou" pelo tempo e chegou até ao leitor do século XXI, muitos anos após a sua morte. Vejam que as ideias, conhecimentos e histórias sobrevivem aos seus próprios autores.

Vamos avançar um pouco mais sobre o assunto que, sei, é um pouco filosófico. Imagine um bebê deixado sozinho em uma selva e que, por um milagre, tenha sido capaz de sobreviver nesse local durante anos sem o convívio das pessoas, apenas em companhia dos animais e das plantas. Sem nenhum contato humano, esse bebê não será capaz de pronunciar palavras nem irá adquirir a cultura humana. No máximo, emitirá sons como os animais e agirá como eles (não deixa de ser um tipo particular de conhecimento, mas não aquele advindo de outro ser humano). Assim ocorre o aprendizado humano e como se forma nosso conhecimento [humano] sobre as coisas.

Querem outro exemplo? Imagine que um bebê tenha nascido no Brasil. Seus pais brasileiros, por alguma razão, decidem abandonar a criança em um local ermo. Entidades assistenciais descobrem o bebê e, como a Justiça não consegue identificar seus pais verdadeiros, ele é colocado para adoção com apenas 3 meses de vida. Um casal de japoneses se interessa em adotar a criança. Depois de realizados os trâmites legais, enfim, conseguem rumar para o Japão com o novo herdeiro. Imaginem esse bebê agora aos 40 anos e que nunca tenha tido contato com o Brasil.

A minha pergunta é: "Essa pessoa de 40 anos é brasileira ou é japonesa?". Mesmo que ela não tenha traços físicos orientais, ainda assim, durante décadas, aprendeu a língua e a cultura japonesa e se comportará, provavelmente, como um japonês.

Essa história fictícia nos remete à ideia de que muito do que somos é moldado a partir do lugar em que vivemos, dos hábitos e costumes que adquirimos e, de forma mais ampliada, da **cultura** que absorvemos. Pode ser que um Engenheiro Florestal do Hemisfério Norte, acostumado a florestas temperadas, tenha atuação muito diferente de seu colega do Hemisfério Sul, que trabalha com florestas tropicais. E isso não é ruim. Trabalhando em conjunto, cada um com a sua formação, conhecimento e experiência, eles podem chegar a diversos *insights* criativos e propor produtos e processos inovadores. Evidentemente, o exemplo pode ser estendido a outras áreas e profissões.

Voltando ao exemplo da Unilever e da Seventh Generation. O que isso significou na prática? A resposta é algo muito importante na trajetória de um Gestor de ESG:

Repensar o projeto dos produtos!

A figura, a seguir, nos mostra que novas ideias sempre devem surgir por meio da **criatividade**, pois são possibilidades advindas do **conhecimento** humano. No entanto, temos que ter a compreensão de que apenas algumas delas é que efetivamente sairão do papel e que se tornarão **inovações**.

Figura 13. Ilustrada por: Robson Ribeiro Alves (2023).

Se há a possibilidade de novas embalagens que substituem o plástico pelo papel (ou papelão) o que necessita ser feito? Ter pessoas com **conhecimento** que sejam capazes de propor soluções **criativas** e desenvolverem protótipos para essas novas embalagens de papel. Certamente, haverá inúmeros protótipos até, finalmente, se chegar a uma versão entendida como "comercialmente viável". É nesse momento que, de fato, surge um **produto inovador**. Se após inúmeras tentativas se verificar a impossibilidade de ter tal produto, daí se torna necessário partir para outras iniciativas, quem sabe com novos tipos de matéria-prima.

Mas por que a substituição do plástico nas embalagens por papel se tornou estratégico? Vamos relembrar uma história verídica que acendeu a discussão a respeito da poluição dos rios, lagos e oceanos pelos resíduos plásticos. O norte-americano Justin Hofman ganhou o prêmio de "fotógrafo de natureza selvagem" do Museu de História Natural de Londres após registrar um cavalo-marinho agarrando um cotonete. O clique foi feito na costa da Indonésia, segundo maior produtor de lixo marinho do mundo.

Desse modo, Hofman contou para o jornal Washington Post que estava preparado para fotografar a criaturinha de 3,8cm quando fortes "ventos" marinhos varreram uma série de dejetos em direção a ela. "O cavalo-marinho primeiro se segurou em uma alga. Eventualmente mais e mais lixos apareceram, [então] ele agarrou um cotonete", afirmou ao jornal. O fotógrafo ficou impressionado com o clique e, após a comoção dos internautas, disse que não queria ter tirado a foto, mas que "agora quero que todos a vejam".[7] "Ah, mas foi um caso isolado. Será que as empresas realmente estão preocupadas com isso?", irão se perguntar alguns aí que estão lendo este livro. Vamos ao que tem acontecido no meio corporativo a respeito.

No setor alimentício, a Vigor Alimentos apresentou o primeiro iogurte em embalagem de papel do país. A embalagem é batizada de Vigor Simples e a novidade chega dentro de uma linha com poucos ingredientes. A marca traz ao varejo um produto composto apenas de ingredientes naturais, com alto teor de proteína e em embalagem alternativa ao plástico: seu material é biodegradável, de fonte renovável e possui maior nível de reciclabilidade. Além disso, a impressão das informações sobre o produto é feita diretamente no pote, dispensando a necessidade de um material a mais para descarte. A nova linha de iogurte não contém aditivos, como conservantes, corantes e espessantes, sendo produzida apenas a partir de leite, fermento lácteo, açúcar demerara e geleia de fruta. O nome do produto, Vigor Simples, foi escolhido para refletir a simplicidade das composições do iogurte, feito só de quatro ingredientes, e de sua embalagem, que além de todas as características citadas, tem *layout* claro e minimalista.[8]

Segundo a Vigor, com a nova embalagem, aproximadamente 15 toneladas de plástico deixarão de ser colocadas no mercado em 2021. A estimativa foi feita por comparação com a produção de uma embalagem plástica de gramatura equivalente. Para lançar a embalagem de papel, a Vigor utilizou uma tecnologia inovadora, que usa um processo específico de solda para garantir a duração da embalagem durante todo o período de validade do produto, preservando a qualidade e a proteção necessárias para a integridade do alimento. As embalagens têm um *QR code* que, ao ser acessado, entrega aos consumidores informações sobre a novidade e locais onde encontrar o produto.[8]

Flávia Drummond, diretora de *marketing* da Vigor, destacou que o Vigor Simples representa mais um passo da marca em direção à inovação e à sustentabilidade. "Estamos trazendo à categoria um iogurte muito saudável e natural, para atender à demanda de consumidores atentos aos ingredientes que estão ingerindo. Esse público, que também se preocupa cada vez mais com impactos ambientais, motivou-nos a ir além e desenvolver uma embalagem única no país", diz ela.[8]

Vamos a outra situação. Vocês já devem ter visto na televisão que os dentistas recomendam que se troque uma escova a cada 3 meses. Se todas as pessoas seguissem essa recomendação, seriam quatro escovas por habitante por ano. Uma cidade com 100.000 habitantes, por exemplo, descartaria anualmente 400 mil escovas, sendo que a maioria delas é feita de plástico. Um problema em termos ambientais. No entanto tem surgido soluções de matérias-primas alternativas para o plástico das escovas de dente.

A Viver Noronha, por exemplo, é uma empresa que fabrica escovas de dente feitas de bambu. A missão da empresa é defender o meio ambiente e promover a paz por meio de campanhas e de produtos que ajudam o planeta a ser mais limpo, com o objetivo de diminuir o plástico e aumentar o consumo sustentável. Segundo a empresa, todos os seus produtos são veganos, ou seja, não houve testes em animais, nem tampouco uso de partes de animais. A empresa destaca que a sua escova de dente feita de bambu durará tanto quanto uma escova de dente de plástico convencional.[9]

Não apenas as escovas de dente estão buscando matérias-primas mais sustentáveis. Tal movimentação também tem ocorrido no tipo de plástico das hastes flexíveis de algodão (popularmente conhecidas como "cotonetes" e que, na verdade, é o nome da marca da Johnson & Johnson para o mesmo produto) e que foi o "vilão" na reportagem comentada anteriormente sobre o cavalo-marinho.

Uma das pioneiras foi a marca Mili Love & Care, cuja fábrica da empresa Mili se localiza em Três Barras (Santa Catarina – SC). A embalagem com 75 hastes complementa a linha *premium* da fabricante, que compreende ainda fraldas descartáveis infantis, lençol higiênico descartável e toalhinhas umedecidas. O plástico usado nas hastes torna-se biodegradável com a adição de um composto que acelera a decomposição do canudo. Em geral, o plástico leva até 200 anos para se decompor na natureza. Mas a Mili garante que suas hastes, dependendo do meio, vão se degradar no máximo em um ano.[10]

Para garantir a rápida decomposição, o plástico não recebe aditivos químicos coloridos e, por isso, a haste da marca *premium* da fabricante brasileira, a Mili Love & Care, é transparente. Como o algodão das pontas das hastes é um produto natural, que recebe apenas tratamento antigermes, as hastes são 100% biodegradáveis. Até então o composto vinha sendo aplicado apenas em canudinhos para bebidas. Produzido na Europa, ele é certificado no Brasil pelo Inmetro (Instituto Nacional de Metrologia, Qualidade e Tecnologia) e ABNT. A inovação foi desenvolvida em conjunto entre as áreas de produção, *marketing* e comercial da Mili. Além de entregar ao consumidor um produto que não agride a natureza, a Mili também conseguiu oferecer um preço final competitivo com aqueles que usam o plástico tradicional[11].

Quem também promete mudanças no uso do plástico é a gigante Johnson & Johnson. A empresa destaca que a troca do plástico por papel nos cotonetes pode diminuir sensivelmente a poluição nos oceanos[12]. Quem também aderiu ao papel na composição de suas hastes flexíveis de algodão é a empresa PHC, fabricante da marca Needs Eco. A empresa busca sinergia entre tecnologia de ponta e o cuidado com o meio ambiente. A PHC acredita na responsabilidade socioambiental das marcas, em produzir insumos que sejam bons e funcionais em todas as esferas da sociedade e, por isso, investe em inovação e tecnologia para respeitar o meio ambiente e o seu cliente com o mais alto padrão de qualidade. Para tanto, a PHC conta em suas linhas de produtos as Hastes Flexíveis Eco Affagio, que foram desenvolvidas para cuidar tanto das pessoas quanto do meio ambiente. Feitas com pontas 100% algodão e hastes de papel, evitam o descarte de haste plástica na natureza. As Hastes Flexíveis Ecológicas são desenvolvidas em material biodegradável, livres de impurezas e ainda contam com exclusivas pontas em espiral que maximizam o desempenho durante o uso.[13]

Quer ver outro problema, além das escovas de dente feitas de plástico e dos cotonetes? Quantas vezes não pedimos um suco ou refrigerante e vem aquele canudo plástico? Os canudos usados para sucos e refrigerantes são um tipo de produto que, assim como hastes flexíveis de algodão, são usados por poucos minutos e, logo depois, descartados pelo consumidor. Bastar fazer a higiene usando as hastes ou tomar o suco ou refrigerante usando o canudinho que o destino final deles será a lata de lixo.

Os canudos de plástico ocupam o sétimo lugar entre o lixo de maior presença nos oceanos, são parte dos 8 milhões de toneladas de plástico, que terminam em suas profundidades a cada ano e levam mais de 200 anos para se decompor. Uma de cada três tartarugas marinhas tem a substância no estômago.[14]

Por isso, uma grande empresa de *fast food* decidiu banir o uso de canudos plásticos em sua rede. Com a campanha #NãoSalvemOsCanudos, a Subway América Latina anunciou, no Dia Mundial dos Oceanos (08 de junho), o lançamento de um plano ambicioso para alcançar uma redução de 100% de plástico de uso único em seus restaurantes ao longo de quatro etapas agressivas, bem como buscar produtos substitutos que sejam ambientalmente amigáveis. Em seu teste inicial, realizado entre 2017 e 2018, em outro país da América Latina, a Subway conseguiu reduzir em 50% o uso de canudos e tampas plásticas de uso único, provando que é possível alcançar o objetivo. A empresa tomou uma firme decisão de mudança e impacto ambiental: comprometeu-se a reduzir o uso de canudos e tampas plásticas em seus restaurantes da América Latina em 50% até 2020 e convidou todos os seus consumidores a fazerem parte da mudança, que visa proteger a biodiversidade dos oceanos e sua fauna marinha.[14]

O ambicioso plano desenvolvido pela marca procura reduzir significativamente o uso de embalagens plásticas e substituí-las por opções que não sejam prejudiciais ao meio ambiente. Como 91% dos materiais plásticos fabricados no mundo não são reciclados, a Subway também procura aumentar a conscientização e a preocupação ambiental na sociedade, convidando todos a participarem de um forte trabalho que abrange a redução do uso de plásticos, a proteção de espécies em perigo de extinção e a limpeza e proteção de praias.[14]

Entretanto a Subway não está de olho apenas nos canudinhos de plástico. A sacola em que o sanduíche é colocado para a entrega e as embalagens dos guardanapos estão sendo trocadas por papel, nas redes da companhia. A Guardanapos Leal, indústria paranaense e líder na fabricação de guardanapos, é a responsável pela mudança nas embalagens da rede no Brasil. A retirada do plástico atente a um pedido dos clientes e da legislação. "A Subway se preocupa com o meio ambiente e tem trazido cada vez mais esse conceito para suas lojas", conta Roberta Damasceno — gerente nacional da rede. A principal vantagem do papel é ser 100% reciclável e provido de fontes renováveis. "Fornecemos mensalmente 30 toneladas de guardanapos embalados para a para a rede Subway. Isso significa que, com o novo produto, seis toneladas de plástico deixarão de ser depositados na natureza nesse período. Quanto às sacolas, a pedido do cliente, desenvolvemos o modelo em papel, que foi aprovado e, a partir de agora, também serão fornecidas por nós", explica Hildebrando Tuca Reinert, diretor da Guardanapos Leal.[15]

"A migração do plástico para o papel está em ritmo acelerado. A meta é que, a curto e médio prazo, o plástico seja eliminado da nossa cadeia produtiva. Nossos clientes sairão na frente por oferecer um produto sustentável ao consumidor final", explica. Segundo o diretor da empresa de guardanapos, o mercado brasileiro está se sensibilizando com as questões ambientais. "As marcas precisam estar atentas, porque o consumidor já encara a sustentabilidade como uma obrigação", ressalta.[15]

As movimentações da empresa vão ao encontro de uma lei que havia sido proposta no Senado Federal, mas que acabou sendo arquivada. O Projeto de Lei 92/2018 previa a retirada progressiva de pratos, copos, bandejas e talheres de plásticos para o consumo de produtos alimentícios. O projeto propunha uma substituição de 20% após 2 anos da aprovação do projeto, 50% após 4 anos, 60% após 6 anos e 80% após 8 anos, até uma retirada completa em 10 anos. Além dessa lei, várias outras leis federais e municipais estão, de certa forma, relacionadas à proibição de plásticos de uso único. No Rio Grande do Norte, Distrito Federal e cidade do Rio de Janeiro, canudos de plástico de uso único já estão proibidos e outras capitais, como São Paulo, discutem uma proposta para fazer o mesmo.[16]

Nesse contexto, vemos a necessidade de profissionais que desenvolvam esses produtos inovadores, mas, para isso, é necessário que eles tenham **conhecimento** para que possam ter *insights* **criativos** e pensar nessas novas possibilidades de produtos para, efetivamente, depois de algum tempo, tornar-se uma **inovação** disponível no mercado.

Ah, mas eu sou um Gestor de ESG que não tenho esses conhecimentos técnicos. Tudo bem, não há problema! Porém, como Gestor de ESG, você deverá ser capaz de identificar se o uso de plástico nas embalagens de seus produtos, por exemplo, representa um risco. Em caso afirmativo, deverá buscar os profissionais adequados para fazer a migração, caso a empresa não os possua. Este é o papel do Gestor de ESG: identificar os possíveis riscos no negócio e criar as condições para minimizá-los ou, se possível, eliminá-los.

7.2 Não há dúvidas de que o mercado está em busca do profissional de ESG

Depois de tudo o que foi visto, não há dúvidas de que o mercado precisa desse novo tipo de profissional, o Gestor de ESG. Ele deve ser capaz de "gerenciar os riscos" e estar atento à geração de valor para todos os *stakeholders*. E, mais ainda, pensar a sua empresa em termos de responsabilidade socioambiental e governança corporativa.

Ah, mas é muita coisa. Ele tem que ser um superprofissional e que saiba de tudo!, dirão alguns. De fato, o Gestor de ESG terá que ter bastante conhecimento, mas o fundamental é ele saber onde encontrar os melhores profissionais para auxiliá-lo. A sua visão holística de tudo o que acontece no mercado deve lhe proporcionar meios de antecipar cenários, enxergar riscos e propor soluções. Lembram-se da "formiga-rainha" da fábula que vimos lá no primeiro capítulo? É exatamente isso!

Há uma constatação no meio corporativo de que "sem planeta não há negócios" e, por isso, as empresas que buscam especialistas em ESG com urgência e algumas que estão pagando salários na faixa de R$20 mil. A preocupação com meio ambiente e com a sociedade já movimenta trilhões de dólares na economia e faz empresas procurarem profissionais qualificados.[17]

O entendimento dessas companhias é de que, além da preservação em si ser uma ação essencial, a cobrança da sociedade também tem crescido, e empresas que não se comprometem com questões ambientais, sociais e de governança podem perder clientes, parcerias e fornecedores. Ou seja, o resultado é um aumento de demanda por profissionais que entendam o que é o ESG e pensem em como aplicá-lo nos diferentes tipos de negócios.[17]

Se olharmos a lei da oferta e da demanda, iremos entender a grande quantidade de vagas em ESG abertas. **Se por um lado as empresas estão em busca de profissionais qualificados em ESG, por outro, esses profissionais ainda são muito escassos.** De acordo com um levantamento do CFA Institute, menos de 1% dos profissionais de investimentos do LinkedIn possuem a qualificação necessária para atuar na área. Segundo relatório da consultoria britânica Global Data, as vagas em ESG aumentaram 98% em um ano, passando de 531 postos em maio de 2021 para 1.049 em maio em 2022. Basta uma rápida pesquisa em sites de vagas de emprego para encontrar diversas oportunidades para atuar com ESG.[17]

De acordo com o Glassdoor, plataforma que reúne vagas de emprego e permite que funcionários informem seus salários e benefícios de forma anônima, o salário médio nacional de um gerente em sustentabilidade é de R$19 mil por mês. No entanto, em uma pesquisa rápida pelo site é possível encontrar salários que chegam quase aos R$30 mil.[17]

Porém como esse profissional convence o investidor de que aplicar o seu dinheiro em uma empresa com práticas ESG é saudável financeiramente? Talvez uma dúvida sobre a relação entre ganhos financeiros e práticas ESG seja motivada por uma diferença entre a lógica do mercado de capitais e o ritmo constante de benefícios econômicos proporcionados pelo investimento em ESG. Afinal, se tem uma coisa que o investidor mais gosta além de retorno financeiro, é retorno financeiro rápido. Isso, empresas ESG dificilmente irão proporcionar. “Geralmente, essas empresas estão bem precificadas, e o investidor prefere manter”, afirma uma pesquisadora do Insper, cujo trabalho investigou se as práticas ESG impactavam o valor das ações das companhias.[18]

E isso faz toda a diferença e pode ser considerado o “pulo do gato”. O preço de uma ação, no final do dia, pode ser resumido a uma relação entre risco e retorno. **O risco nas empresas ESG é sempre menor, então as oscilações são menores.** “As empresas com menor sustentabilidade são mais arriscadas e, por isso, cobra-se um prêmio maior de retorno para investir nessas ações ou pratica-se um preço menor das ações”, explica a pesquisadora.[18]

Os pesquisadores do estudo feito pelo Insper também identificaram algo mais direto sobre essa relação: o movimento das notas de *ratings* ESG impacta, na mesma direção, o valor dos papéis. Se sobe, sobe; e vice-versa. Não espere de uma empresa madura, social e ambientalmente, grandes saltos de preço — a não ser que essa empresa seja uma grande fabricante de cosméticos que resolve comprar a concorrente e acaba com um problema de endividamento. Já aquelas companhias que estão no meio de uma jornada ESG e começam a ver suas notas de *rating* avançarem, se apresentam como boas opções para um retorno seguro e, até certo ponto, rápido.[18]

Há um tema importante para quem trabalha com ESG e diz respeito à chamada **"materialidade dupla"** e que correspondem às seguintes dúvidas:

> "Uma empresa ou um fundo de investimento deveria se preocupar apenas em fazer dinheiro? Ou deveria se preocupar também com meio ambiente, justiça social e boa governança (ESG)?"[19]

Esses objetivos podem se sobrepor? Já coincidem? Ainda que o conceito de "materialidade dupla" tenha sido formulado em novas regulações europeias, ele ainda não avançou significativamente dentro dos Estados Unidos — enquanto titãs, como JPMorgan Chase & Co., passaram a adotá-lo. A questão é definir o tipo de informação que deve ser obrigatório relatar, e quem decide isso. Portanto, abaixo vamos explicar um pouco mais sobre esse e outros assuntos:[19]

1. **O que é materialidade?**
   No nível básico, é um princípio de contabilidade, referindo-se a algo que poderia surtir impacto sobre — sendo material para — a maneira como a empresa opera. Um risco material pode afetar metas ou objetivos, o que interessa especialmente os investidores. No contexto ESG, isso é conhecido como materialidade singular e significa principalmente fatores ambientais, sociais e de governança que possam representar alguma ameaça ou oportunidade para uma empresa e sua receita. Isso não diz nada a respeito de quão "verdes" são as práticas empresariais dos negócios, mas,

em vez disso, quão vulneráveis seus ganhos podem ser em relação a riscos ESG.

2. **O que é "materialidade dupla"?**
É aí que entra o verde. "Materialidade dupla" soma os riscos que as atividades de uma empresa representam para o meio ambiente e a sociedade àqueles que potencialmente ela enfrenta internamente. A maneira que qualquer materialidade deveria ser aplicada ao relatório financeiro da empresa continua objeto de intenso debate. Por agora, os relatórios variam amplamente, dificultando para investidores comparar e tomar decisões informadas.

3. **Quem está formulando diretrizes?**
O Conselho Internacional de Padrões de Sustentabilidade (ISSB), lançado em 2021, na Conferência das Nações Unidas sobre Mudança do Clima de 2021, redigiu uma cartilha global para reger relatórios ambientais e de sustentabilidade. A entidade está sob os auspícios da *IFRS Foundation*, que desenvolveu os padrões de contabilidade usados atualmente em mais de 140 países. (Os EUA são uma exceção notável à IFRS, usando um padrão chamado GAAP, *Generally Accepted Accounting Principles* da sigla em inglês, princípios de contabilidade geralmente aceitos). Enquanto isso, o Conselho de Padrões de Contabilidade de Sustentabilidade (SASB – *Sustainability Accounting Standards Board*), com base nos EUA, possui diretrizes para materialidades singulares — também chamadas "de fora para dentro" — que já são usadas por centenas de empresas.
Separadamente, a Iniciativa Global de Registro Contábil (GRI – *Global Reporting Initiative*) fornece padrões "de dentro para fora" para relatórios de impacto das empresas sobre as pessoas e o planeta. Algumas empresas usam o SASB, outras a GRI, algumas usam ambos os padrões, e outras optam por algum dos muitos outros sistemas de relatório disponíveis atualmente.

4. **Como vão as coisas?**

O ISSB incorporou este ano os padrões do SASB em suas propostas iniciais, o que vai requerer das empresas que revelem o impacto material de riscos fora do contexto ESG sobre seus negócios.

5. **O que está acontecendo na Europa?**

Quase uma década atrás, a União Europeia (UE) começou a exigir que as empresas revelassem informações não financeiras em uma tentativa de torná-las mais responsáveis em relação a questões socioambientais. Foi a primeira vez que exigências de relatórios incluíram o conceito da materialidade dupla. Contudo grandes lapsos logo emergiram em relação à quantidade e qualidade das informações. Portanto, uma cartilha de regras redefinidas da UE passou a fazer exigências mais explícitas às empresas e exigir que mais empresas atendam às diretrizes. Essa cartilha é a Diretiva de Relatório de Sustentabilidade Corporativa.

6. **E nos EUA?**

Os EUA têm colocado o foco amplamente em melhorar a qualidade de relatórios sobre materialidade singular por meio do trabalho do SASB. Por exemplo, propostas feitas pela Comissão de Valores Mobiliários (SEC – *U.S. Securities and Exchange Commission*) também exigiriam que empresas listadas detalhem custos de eventos climáticos extremos e investimentos de capital destinados a reduzir suas emissões de gases de efeito estufa. Uma autoridade da SEC afirmou que o objetivo da agência é "alcançar a maior interoperabilidade" possível entre o que a SEC poderia exigir e as diretrizes básicas do ISSB.

7. **Qual é o contexto?**

Historicamente, relatórios corporativos colocavam foco no curto prazo e tocavam, levemente, em questões ambientais e sociais. Entretanto as mudanças climáticas e as inquietações sociais decorrentes da pandemia da COVID-19 tornaram essas questões mais difíceis de ignorar. Isso levou a demandas por mais informações, já que um problema pequeno para empresas pode ser um problema enorme para comunidades nas quais elas operam — e podem se transformar em desafios maiores. Disponibilidade de água é com frequência citada como uma dessas questões. Nos EUA, algumas jurisdições governadas por republicanos começaram a penalizar bancos e gerentes de ativos que adotassem qualquer tipo de relatório ESG, argumentando que isso é um exagero, por trazer políticas progressistas para decisões de investimento. Na outra ponta do debate, alguns ambientalistas e outros defensores de diretrizes ESG criticaram os atuais esforços por não fazer o suficiente para cortar emissões de gases estufa ou combater desigualdades.

Se fosse possível elencar três itens importantes no desenvolvimento de um Gestor de ESG, eu indicaria estes a seguir:

1. **Adquirir *conhecimento* sobre ESG e temas correlatos para *inovar* sempre**
   Lembrem-se que o conhecimento é vital para que pensemos "diferente", "fora da caixa" e nos ajude a ter ideias criativas que, posteriormente, serão usadas para inovar. É necessário ter a mente aberta, ser questionador, ver além do que já está estabelecido, encontrar novos caminhos e ser também bastante flexível para conseguir promover mudanças. É muito importante que o profissional que atua na área de ESG esteja antenado com o que há de mais inovador no mercado, para que seja capaz de implementar as novidades em sua empresa. É notório que as principais transformações que estão surgindo nas grandes empresas têm a ver com projetos e tecnologias novas e disruptivas. Certamente, o Gestor de ESG vai precisar estudar continuamente, a fim de que tenha mais e mais ideias criativas e possa inovar sempre. E também para ter uma visão mais holística dos desafios impostos pela Agenda ESG.

2. **Estar atento ao *risco* do negócio e ter uma boa gestão de *stakeholders***
   O relacionamento é o ponto crítico quando se quer trabalhar com ESG. É fundamental que o Gestor de ESG tenha habilidades

para ouvir todos os lados, pois ele vai precisar entender as demandas de diferentes áreas para chegarem a um consenso, tanto para negociar quanto para estabelecer uma relação de confiança entre os *stakeholders*, que são basicamente fornecedores, clientes, colaboradores e a sociedade em geral. Isso será necessário, por exemplo, para contratar serviços com fornecedores externos, promover ações de conscientização com os funcionários, gerir crises e conflitos com os clientes e, até mesmo, para convencer a chefia de uma empresa da contratação do serviço de uma *start-up* para atuar em uma questão de impacto ambiental. Para tudo isso, é preciso ter habilidades de gestão e relacionamento. Não se consegue conquistar a confiança dos *stakeholders* e, também, dos líderes de uma empresa se você não tiver segurança absoluta do que está falando. E, para isso, volto a dizer, é fundamental obter conhecimento diariamente sobre o assunto. Para crescer nessa carreira, é necessário conhecer profundamente como funciona cada área que causa impacto na sociedade e no meio ambiente. Assim, a gestão de riscos também faz parte das atribuições esperadas de um profissional de ESG, além da necessidade de ser capaz de oferecer valor às partes interessadas.

3. **Entender sobre *materialidade* e sua relação com o gerenciamento do risco**
Sobre materialidade, vamos trazer outra definição, proposta pelo Centro de Negócios Sustentáveis da Universidade de Nova York: "Materialidade é uma questão econômica, ambiental e social sobre a qual uma empresa gera impacto ou pela qual pode ser impactada — e que influencia significativamente as avaliações e decisões das partes interessadas."[20]

Dessa forma, seja qual for o segmento da empresa que você atue, sempre haverá uma das dimensões ESG que seja mais material e que vai guiar as ações para um caminho mais sustentável, diverso e equitativo. Logo, caberá ao Gestor de ESG entender o que é material para aquela empresa ou setor e, com isso, ter acesso à estratégia para aumentar o impacto positivo e diminuir o impacto negativo, assim gerando mais valor para uma companhia. Além, é claro, de encontrar os profissionais ideais para lhe auxiliar.

Ao longo do livro, por diversas vezes, mostrei exemplos em que se sobressaía mais o pilar "E" (ambiental) em relação aos demais pilares; ou, então, o aspecto social em relação ao ambiental ou de governança; ou, por fim, o pilar "G" (governança) em detrimento aos outros dois. É bem comum que dois ou mesmo três dessas dimensões façam parte do mesmo assunto, objeto de estudo e atenção por parte do Gestor de ESG.

Com isso, é importante que o profissional de ESG tenha essa **sensibilidade** de avaliar, em determinada situação, qual (ou quais) aspecto(s) possuem **maior materialidade** e que devem ser olhados com mais atenção por parte da empresa.

7.3 Principais caminhos para se ter uma carreira em ESG

As opções de trabalho para um gestor que deseja trilhar o caminho do ESG são, basicamente, as mesmas para profissionais de outras áreas: trabalhar numa empresa "tradicional", numa prestadora de serviço, numa consultoria ou na área acadêmica.

1. **Ser Gestor de ESG em uma empresa**

   É o caminho mais, digamos, "tradicional". A principal motivação é ter a segurança de uma "carteira assinada" em uma grande empresa nacional ou estrangeira e, geralmente, com ótimos salários, benefícios etc. Esse profissional deve ser capaz de identificar riscos e questões materiais da companhia. Deve, também, ter habilidades de gestão para se relacionar com os *stakeholders* e trazer soluções inovadoras para os problemas. Seu dever é conduzir a organização para a economia sustentável, busca da governança corporativa, atenção à diversidade e inclusão social e, ao mesmo tempo, fazer a "ponte" com fornecedores, colaboradores e clientes, com o objetivo final de que os projetos ESG ocorram na prática.

Empresas de grande porte, nacionais ou não, têm destinado prioridade cada vez maior para a Agenda ESG e optam por montar uma equipe focada em desenvolver as soluções que precisam, dando ao profissional de ESG a possibilidade de construir uma sólida carreira corporativa na área. E, quanto mais conhecimento e experiência tiver o profissional, maiores serão suas oportunidades e salários. Existem muitas possibilidades de emprego para gestor ou gerente de sustentabilidade, analista em ESG ou analista sênior em ESG.

Se uma pessoa já trabalha numa empresa, mas em outra função, atuar em ESG, tornando-se um especialista no assunto, pode abrir novas frentes dentro da companhia e justificar uma promoção futura. Por exemplo, se for um advogado, que tal trabalhar com *compliance* ou questões sociais? E se for um engenheiro, uma possibilidade é trabalhar em projetos de reúso de água ou de energia limpa. Qualquer que seja a área de formação, uma alternativa é implementar algumas ações e liderar projetos específicos e, paulatinamente, ganhar experiência e confiança para chegar ao posto de Gestor de ESG.

Porém, mesmo aqueles que já atuem como profissional de ESG, é bem provável que seja necessário buscar soluções fora da companhia para implementar as estratégias. Lembram-se quando eu disse que o Gestor de ESG pode não saber de determinado assunto, mas que deve ser capaz de encontrar os melhores recursos para minimizar ou sanar o risco do negócio? É disso que estou falando. Em alguns casos, para cuidar da gestão de resíduos, redução de emissão de carbono ou até para gerenciar dados de um determinado setor, é possível que o Gestor de ESG tenha que recorrer a tecnologias desenvolvidas por *start-ups*, muitas delas chamadas *cleantechs*, *greentechs* ou *ESGTechs*. Aliás, atuar em uma delas é outro caminho possível para uma carreira em ESG.

2. **Trabalhar em uma prestadora de serviço, como *cleantechs*, *greentechs* ou *ESGTechs***

Nesse caso, há duas possibilidades: ser empreendedor, ou seja, o dono da prestadora de serviço; ou ser funcionário dela.

As *greentechs*, também conhecidas como *cleantechs* ou *ESGTechs*, são *start-ups* que usam a tecnologia para trazer soluções focadas em sustentabilidade. A atuação é bastante ampla, podendo ser dedicada ao uso inteligente de recursos naturais, à recuperação e à conservação ambiental ou, ainda, à mitigação de impactos negativos. Elas também são conhecidas como "start-ups verdes" e se dedicam tanto a reduzir o impacto ambiental negativo quanto a promover ativamente a sustentabilidade. Para isso, desenvolvem desde soluções voltadas à redução das emissões de carbono, na indústria e no setor corporativo, até o esforço para baratear tecnologias de geração de energia renovável.[21]

Com o foco dos negócios em ESG, o crescimento de *start-ups* voltadas às melhores práticas ambientais, sociais e de governança também era inevitável. Não por acaso, o relatório *Inside ESG Tech Report*, publicado em maio de 2021, mostra que, em 10 anos, foram investidos US$991 milhões nas companhias brasileiras desse segmento. Dessa forma, uma vez que essas empresas não se limitam a um segmento específico, estão presentes tanto no campo, com a otimização de processos agrícolas, quanto nas cidades, auxiliando o transporte urbano e a gestão de lixo. Assim, essas empresas agem na lacuna de um departamento dedicado, oferecendo suporte nas mais diversas atividades e escalas. Por sua vez, quando as *cleantechs* oferecem soluções para diversos setores econômicos, ajudam também pequenos e médios empreendimentos a atuar em modelos de negócio que são melhores para o futuro.[21]

Somente no Brasil, as *greentechs* receberam US$532,4 milhões (R$2,9 bilhões) em 54 aportes de investidores até o final de 2021, quase o dobro do ano anterior, segundo a plataforma de inovação aberta Distrito. O país é um dos maiores em biodiversidade no mundo e tem inúmeros desafios. Assim, por exemplo, em média apenas 3% de todo o seu resíduo gerado é reciclado e mais de 50% de suas cidades ainda destinam seus resíduos para lixões, e a outra parte para aterros, controlados ou sanitários. Também são desperdiçadas cerca de 41 mil toneladas de alimentos por ano. Isso coloca o Brasil entre os dez países que mais jogam comida fora no mundo, segundo levantamento do WRI (*World Resource Institute*).[22]

Com esse cenário, muitas *ESGTechs* brasileiras trabalham desenvolvendo soluções inovadoras, como a Quiron Digital, que faz monitoramento de ameaças florestais por meio de dados de satélites e nanossatélites, que atuam de forma precisa em qualquer parte do globo. Outras iniciativas surgem de dentro do laboratório universitário, como a catarinense Arboran, que foi fundada por um biólogo para acelerar a arborização urbana nas capitais. Mas as grandes soluções não estão apenas no Sul e no Sudeste. A Amachains, do Amazonas, faz a rastreabilidade de cadeias produtivas e é especializada em *blockchain*. A *start-up* une e audita as informações do setor, sobretudo de pequenos agricultores.[22]

Assim, trabalhar numa *cleantech* é ideal para quem tem o perfil mais dinâmico, gosta de inovação e tecnologia ou, simplesmente, não se vê na carreira corporativa. Essas *start-ups* verdes são interessantes para as pessoas que gostam de desafio e possibilidade de rápido crescimento na carreira. Nesse caso, esse profissional poderá ser aquele que vai estar do outro lado da mesa, negociando com o Gestor de ESG de uma grande empresa.

3. Atuar em Consultorias de ESG

Da mesma forma que no item anterior, o profissional também pode ser o empreendedor, ou seja, o dono consultoria; ou ser funcionário dela. É possível começar como um consultor independente, ajudando e orientando empresas a implementarem diretrizes ESG em sua estratégia. Para muitas companhias, essa é a solução mais rápida e viável e é um modelo que elas já estão acostumadas a usar em outras áreas, como consultoria tributária e financeira, por exemplo.

Ser consultor tem como vantagem a oportunidade de trabalhar com inúmeras empresas em projetos diferentes, o que dá dinamismo para o dia a dia, além de proporcionar experiências diversas. O profissional vai conhecer o mercado, fazer mais contatos e ganhar experiência na prática, havendo a possibilidade, inclusive, de ter melhores salários futuramente. Atuar como um consultor é ainda uma ótima forma de fazer transição de carreira, porque o profissional tem maior controle de sua agenda e pode desenvolver uma nova profissão sem atrapalhar a sua atividade principal atual. Isso dá liberdade de trabalhar com maior flexibilidade, podendo trabalhar quando quiser e de onde quiser, já que pode ser possível realizar as consultorias de forma *online*, atendendo empresas do mercado interno ou externo.

4. **Trabalhar na área acadêmica ministrando aulas, cursos ou palestras**
Evidentemente, cada pessoa tem suas características próprias. Algumas podem ter o perfil mais empreendedor e, por isso, abrir uma *start-up* verde (*cleantech* ou *greentech* ou, ainda, *ESGTech*) ou, então, uma empresa de consultoria. Outras pessoas preferirão a segurança de se ter carteira assinada e trabalhar como empregado de uma grande empresa ou, mesmo, em uma *start-up* ou consultoria.

No entanto uma parcela pode se interessar em oferecer treinamentos e palestras para empresas e demais organizações, objetivando conscientizar seus líderes e funcionários sobre as práticas ESG. Por que não se tornar um professor de ESG? Ou ser uma referência nessa área e ser convidado para ministrar aulas e cursos sobre o assunto? Algumas vezes, o profissional pode até estar em duas frentes, por exemplo, ser professor e atuar numa empresa como Gestor de ESG ou ser palestrante e trabalhar numa *cleantech*. Existem várias possibilidades e tudo vai depender do conhecimento que se tem sobre ESG, além do perfil profissional, se mais acadêmico, empresarial ou de consultoria.

7.4 Lições que podemos aprender com as práticas ESG

No início do livro, fiz uma pequena “provocação” ao afirmar que *“ESG parece, mas não é sustentabilidade ambiental”*. Muitas vezes, as pessoas acreditam que as empresas deveriam se mover única e exclusivamente pela questão ambiental, uma vez que ela representa a sobrevivência da humanidade. Seria muito bom se fosse assim, mas a realidade é que as empresas somente investirão em sustentabilidade ambiental se perceberem que irão ganhar algo com isso; ou, então, que deixarão de perder.

Quando estava no Mestrado em Ciência Florestal, da Universidade Federal de Viçosa (UFV), o foco de minhas pesquisas eram indústrias de móveis que possuíam a certificação florestal, como as do FSC (*Forest Stewardship Council*), PEFC (*Programme for the Endorsement of Forest Certification*) ou Cerflor — marca do Programa Brasileiro de Certificação Florestal. Eu queria entender as vantagens estratégicas para se obter uma certificação, se contribuía para abrir novos mercados ou se melhorava a imagem ambiental das empresas. Eu me recordo que uma das empresas que respondeu o questionário fez a seguinte afirmação:

> "É muito importante ter a certificação, mas tão importante é ter um produto de boa qualidade com bons preços e pontualidade na entrega."[23]

Vemos, então, que para nós consumidores os outros atributos de um produto são igualmente importantes, não apenas o fator "ambiental". Também buscamos um produto que tenha bom preço, qualidade, tecnologia e *design*. Por isso, o Gestor de ESG tem que ficar atento com a chamada "miopia de *marketing* verde". Como assim, "miopia"? É isso mesmo. A seguir vou explicar melhor.

"Miopia em *marketing*" é definida como a limitação ou visão restrita da empresa sobre qual é o seu negócio. Em outras palavras, a miopia em *marketing* ocorre quando a empresa define seu negócio de maneira incorreta, focando exclusivamente no produto.[24] É preciso entender que os consumidores não abrirão mão da qualidade ou do desempenho para conseguir um produto mais verde. Os produtos verdes devem desempenhar a função pretendida; primeiro, os benefícios ambientais são vistos como uma nova fonte de valor adicionado. Por isso, as empresas devem tomar cuidado para não cometer a chamada "miopia em *marketing* verde".[25]

A indústria moveleira é um bom exemplo de como as empresas precisam se reinventar para continuar existindo. Vocês devem se lembrar da casa dos avós em que tinham aqueles móveis pesados, feitos de madeira maciça, muitas vezes de mogno, cerejeira ou sucupira. Pois bem, com o passar do tempo, alguns fatores dificultaram a produção dos móveis feitos a partir dessas madeiras chamadas de nativas:

- A escassez desse tipo de matéria-prima, devido aos desmatamentos.
- Se estava escasso, ficava cada vez mais longe obter a madeira, tornando inviáveis os custos de logística.
- A proibição advinda da legislação.

Nesse contexto, a indústria moveleira estava fadada a desaparecer, o que seria um caos. Olhe em sua volta e veja aí, na sua casa ou trabalho, quantos produtos são de origem florestal: mesas, cadeiras, guarda-roupas, *racks*, armários de cozinha e banheiro, a estrutura de madeira que dá suporte ao sofá, além, é claro, do papel que utilizamos no dia a dia.

O que seria da humanidade se a indústria moveleira não conseguisse se reinventar e uma nova tecnologia viesse substituir as madeiras nativas proibidas por lei? A introdução e maior oferta dos painéis de madeira no mercado, aliada a maquinários mais sofisticados e com tecnologia que possibilita sua usinagem, cortes e furos, fez a indústria moveleira migrar para esse tipo de matéria-prima. Geralmente, essas chapas são oriundas de reflorestamentos de pinus e eucalipto, o que contribui para evitar o desmatamento de florestas nativas. Além disso, muitas das empresas que fabricam os painéis, ou chapas, possuem a certificação florestal para comprovar a procedência socioambiental da matéria-prima, que utilizam em seus produtos

A evolução da produção de painéis de madeira pode ser atribuída a um conjunto de fatores, como a busca de alternativas à madeira maciça, a modernização tecnológica do parque fabril, que proporcionou a oferta de novos produtos, como MDF (*Medium Density Fiberboard*) e OSB (*Oriented Strand Board*), a melhoria da qualidade tecnológica do aglomerado, com nova denominação comercial de MDP (*Medium Density Particleboard*), e a redução dos juros e melhoria da renda, que deram fortes impulsos aos setores de construção civil e indústria moveleira, ambos consumidores de painéis de madeira.[26]

Essas mudanças fizeram com que o setor moveleiro sofresse transformações em nível nacional e internacional. Para acompanhar o mercado, os empresários precisam adequar-se às novas tendências e isso requer troca de informação, mudança no processo industrial e especialização da mão de obra. "Temos que nos adaptar aos novos modelos de processo produtivo que as empresas de mobiliário do mundo adotaram. A indústria de mobiliário passou a ser uma grande montadora", afirmou um especialista em *design* de móveis da Federação das Indústrias do Estado do Rio de Janeiro (Firjan), destacando que uma das principais mudanças do processo produtivo moveleiro foi a chegada do painel MDF, que substitui a madeira maciça. E, dentre os principais desafios, a especialização da mão de obra.[27]

Em alguns casos, o empresário somente toma decisões a favor do meio ambiente se aquilo refletir em ganhos econômicos para ele, o que é compreensível. Porém isso também acontece com os consumidores, ou seja, todos nós. As pessoas têm maior motivação com relação ao meio ambiente quando o desenvolvimento dos produtos vem acompanhado de ganhos econômicos. Mesmo que o consumidor venha a pagar um preço a mais (sobrepreço) pelo produto verde, ele tem uma expectativa de, em médio prazo, recuperar o investimento com a melhor eficiência do mesmo. É o caso, por exemplo, da instalação de painéis solares em uma casa ou, então, da compra de uma geladeira que tenha selo Procel (Programa Nacional de Conservação de Energia Elétrica) tipo A, ou seja, com maior eficiência energética. Dessa forma, podemos dizer que sempre que o produto "verde" conseguir unir os aspectos ambientais e econômicos em sua produção, comercialização e descarte, a empresa terá vantagens competitivas no mercado.

Quando eu ministro aula de Consumo Consciente, sempre pergunto aos alunos:

> "Será mesmo que o consumidor está disposto a comprar um produto mais sustentável?"

As respostas, geralmente, são as mais diversas. Alguns dizem que o brasileiro, por exemplo, ganha pouco e não pode se "dar ao luxo" de pensar em sustentabilidade ambiental. Outros dizem que, quando o preço é semelhante, o consumidor brasileiro dará preferência ao produto mais sustentável. Já tem os que alegam que o consumidor tem poucas informações sobre produtos verdes ou que não se interessa por sustentabilidade. Extraindo algumas dessas respostas, podemos entender que, de fato, é difícil que alguém pense em meio ambiente se as condições mínimas de sobrevivência ainda estão por serem satisfeitas. Como pensar em sustentabilidade se a pessoa ainda não consegue colocar direito a comida no prato? Então podemos dizer que a compra de produtos verdes tem muito a ver com a **cultura** de um povo, mas também com o **atendimento das necessidades básicas**. E isso está relacionado com o que aprendemos no curso de Administração: a famosa Pirâmide da Hierarquia de Necessidades de Maslow.

Abraham Maslow estabeleceu uma hierarquia das necessidades, na qual o ser humano definiria prioridades. Para ele, primeiro era necessário o ser humano satisfazer as necessidades fisiológicas e de segurança, consideradas vitais para a sobrevivência do indivíduo. Somente após satisfeitas essas necessidades, é que o homem buscaria satisfazer as outras, que são as sociais, de estima e de autorrealização.[28]

Mesmo considerando algumas deficiências na hierarquia proposta por Maslow, pode-se verificar que faz sentido para as pessoas de classes mais baixas gastarem seu dinheiro com bens relacionados à alimentação, segurança e abrigo, em detrimento de bens sociais ou aqueles considerados supérfluos, como os produtos verdes. No entanto, espera-se que, ao longo do tempo, haja maior oferta desses produtos, com consequente redução dos preços, e que eles venham a se tornar regra no mercado, e não exceção, como é visto atualmente.

Ainda nesse assunto sobre sustentabilidade ambiental, gostaria de relatar um fato que ocorreu comigo e que não deixa de ser engraçado. Quando fazia graduação em Administração à noite na universidade, eu trabalhava durante o dia em uma empresa de material de construção. Durante o curso, naquela época, não tive nenhuma disciplina sobre sustentabilidade ambiental, algo que ainda engatinhava no mundo empresarial. Uma vez me chamou a atenção quando entrei no banheiro masculino da empresa que eu trabalhava e via que a torneira jorrava água sem parar. Alguém, de propósito ou sem querer, havia aberto a torneira, mas não se preocupou em fechá-la. Imediatamente, a fechei e fui conversar com o dono da empresa. Eu tive a petulância de lhe dizer:

"Aqui é o exemplo clássico de 'em casa de ferreiro, espeto de pau'. A empresa vende torneira automática, mas não a usa aqui. Acabo de chegar do banheiro e alguém deixou a torneira aberta. A água jorrava sem parar. Imagine quanto isso está lhe custando!"

Claro que ao mencionar o custo da água, o meu chefe tratou de providenciar rapidamente a troca das torneiras. Como era uma casa de material de construção, provavelmente poderia obtê-las como cortesia, haja vista que sempre tinham contato com os fornecedores. Ou seja, sem dispêndio financeiro.

É isso que o Gestor de ESG precisa ser e fazer. Sempre estar atento a tudo o que acontece em sua empresa e propor soluções. **Uma boa saída é sempre demonstrar os custos da NÃO realização de medidas socioambientais ou de governança.** Ou apresentar claramente os riscos de algum processo. Normalmente, fazendo isso, o empresário lhe dará ouvidos.

Hoje em dia, não há mais espaço para *greenwashing*. No mundo ESG, ou a empresa realmente tem ações concretas socioambientais e de governança ou será "punida" pelo mercado, com a retirada de recursos pelos investidores.

A propósito, para quem não está familiarizado com o termo, *greenwashing* significa "lavagem verde", numa tradução livre. É quando uma organização exagera ou engana os consumidores a respeito dos atributos ambientais de suas ofertas. As acusações de *greenwashing* podem surgir de diversas fontes, incluindo ambientalistas, imprensa, consumidores, concorrentes e comunidade científica, e podem ser sérias, duradouras e muito prejudiciais à reputação de uma empresa.[25]

Bom mesmo seria se a sustentabilidade ambiental estivesse no DNA de cada um de nós. Que não precisasse de uma legislação para que as pessoas e empresas agissem de forma correta. Apesar de negócios e sustentabilidade aparentemente serem áreas conflitantes, os autores Kotler e Armstrong destacaram que muitas empresas têm adotado políticas de ambientalismo sustentável, ou seja, desenvolvido estratégias que não somente conservam o meio ambiente, mas também geram lucros para a empresa. Essas empresas estão agindo não porque alguém as está forçando ou para ganhar lucros imediatos, mas **por ser a coisa certa a fazer** — tanto para a empresa quanto para o futuro ambiental do planeta.[29]

E daí é inevitável não se lembrar do belo exemplo dado pelos japoneses após os jogos de sua seleção na Copa do Mundo de futebol realizada no Brasil, em 2014. Mesmo com a derrota da seleção do Japão para a Costa do Marfim, na Arena Pernambuco, os torcedores nipônicos recolheram o lixo produzido por eles mesmos durante o jogo. Dias depois, no empate sem gols com a Grécia na Arena das Dunas, em Natal, novamente a cena se repetiu.

Os sacos de lixo, inflados para fazer a festa nas arquibancadas, ao final do jogo, foram usados para juntar a sujeira. O que é uma surpresa para o povo brasileiro, para os japoneses não passa de rotina. O ato de recolher o lixo chamou tanto a atenção quanto o jogo. Contagiados, os demais torcedores passaram a ajudar na limpeza. "Isso é fantástico. Um exemplo enorme para nós, brasileiros. Temos mais é que ajudá-los. A Copa do Mundo tem isso de bonito. Trouxe meus dois filhos, e o exemplo está garantido", disse um dos torcedores brasileiros presente no estádio.[30]

Antes mesmo do apito final, já era possível perceber os japoneses recolhendo o lixo. Inclusive, indo a setores próximos para limpar a sujeira deixada por outras pessoas. O resultado foram lances e mais lances de arquibancadas sem lixo no setor onde a torcida do Japão ficou concentrada. "Nós sempre fazemos isso. E é bacana que os brasileiros tenham nos ajudado. Não sabíamos que seria assim tão comentado. Estão tirando fotos nossas", disse um dos japoneses, surpreso com a atenção dada a algo que, para eles, é tão comum.[30]

Ações desse tipo têm a ver com a cultura. A cultura pode ser entendida como a "lente" através da qual as pessoas enxergam o mundo. Dessa forma, uma empresa que tem sua imagem associada ao meio ambiente, com uma cultura organizacional voltada para valores ambientais, provavelmente também terá seus produtos analisados sob essa ótica pelo consumidor, caso ele valorize as questões socioambientais.[31]

7.5 Considerações finais

De tudo o que foi escrito até agora neste livro, gostaria de enfatizar novamente a figura dos três elementos que são o alicerce do ESG: a gestão dos riscos, o capitalismo *stakeholder* e a geração de valor.

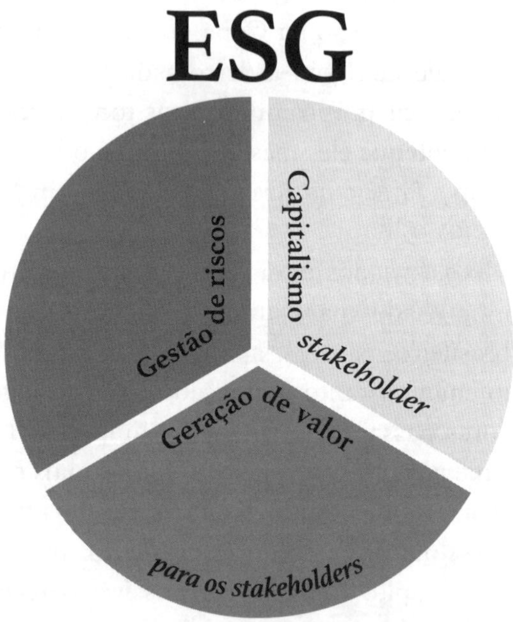

Figura 14. Ilustrada por: Robson Ribeiro Alves (2023).

Além disso, é importante fazer um *resumo* de alguns aspectos que o futuro (e/ou atual) profissional de ESG deve se atentar:

1. É necessário **gerenciar o risco do negócio** em relação a aspectos ambientais, sociais e de governança, ou seja, os elementos que compõem as práticas ESG.

2. As ações para minimizar (ou eliminar) os riscos do negócio devem estar em sintonia com as **expectativas** dos *stakeholders* e lhes proporcionar **valor.**

3. É importante ter uma **visão holística** e estar atento a tudo o que possa impactar o negócio da empresa, principalmente o que tiver relação com a Agenda ESG.

4. Deve-se buscar sempre o **conhecimento**, a fim de ter aguçada a **criatividade** e propor soluções **inovadoras.**

5. Se o Gestor de ESG não tiver o conhecimento necessário para fazer a mudança proposta, ele deve ser capaz de encontrar o **profissional adequado** para tal tarefa.

Para terminarmos o livro, vou resgatar um importante ensinamento da fábula da *Cigarra e da Formiga*, vista no primeiro capítulo e que tem a ver com os nossos estudos sobre ESG.

Lembrem-se de que a “formiga-rainha” **antecipou cenários!** Ela foi capaz de, com certa antecedência, prever que um inverno rigoroso poderia chegar e, o mais importante, ter tempo suficiente para se preparar. Assim, a líder do formigueiro **mobilizou as suas subordinadas**, ou seja, as formigas, a fim de que elas trabalhassem para estocar alimento suficiente para um possível período de inverno. É exatamente isso que se espera de um Gestor de ESG!

Mãos à obra!

Referências do capítulo

1 MICHAELIS. **Profissionalismo.** [s.d.]. Disponível em: https://michaelis.uol.com.br/moderno-portugues/busca/portugues-brasileiro/profissionalismo/. Acesso em: 27 abr. 2023.

2 CHIAVENATO, Idalberto. **Recursos humanos:** o capital humano das organizações. 11. ed. São Paulo: Grupo GEN – Editora Atlas, 2020.

3 AGÊNCIA ORCA. **Unilever revela sua nova embalagem com base de papel para frasco de detergente.** 2021. Disponível em: https://agenciaorca.com.br/unilever-revela-sua-nova-embalagem-com-base-de-papel-para-frasco-de-detergente/. Acesso em: 27 abr. 2023.

4 BH1. **A experiência da Seventh Generation.** 2018. Disponível em: http://www.bh1.com.br/administracao-de-marketing/a-experiencia-da-seventh-generation/. Acesso em: 27 abr. 2023.

5 CASEY, Linda. **Seventh Generation reinvents detergente packaging with new paper bottle.** 2015. Disponível em: https://www.packagingdigest.com/retail-packaging/seventh-generation-reinvents-detergent-packaging-new-paper-bottle. Acesso em: 27 abr. 2023.

6 REVISTA EMBALAGEM MARCA. **Nestlé lança no Brasil primeira cafeteira de cápsulas compostáveis de papel.** 2022. Disponível em: https://embalagemmarca.com.br/2022/11/nestle-lanca-no-brasil-primeira-cafeteira-de-capsulas-compostaveis-de-papel/. Acesso em: 27 abr. 2023.

7 GALILEU. **Conheça a triste história da foto do cavalo-marinho com cotonete.** 2015. Disponível em: https://revistagalileu.globo.com/Ciencia/noticia/2017/09/conheca-triste-historia-da-foto-do-cavalo-marinho-com-cotonete.html. Acesso em: 27 abr. 2023.

8 REVISTA EMBALAGEM MARCA. **Vigor inova com iogurte em embalagem de papel.** 2021. Disponível em: https://embalagemmarca.com.br/2021/02/vigor-inova-com-iogurte-em-embalagem-de-papel/. Acesso em: 27 abr. 2023.

9 VIVER NORONHA. **Escovas de dente de bambu Viver Noronha.** [s.d]. Disponível em: https://www.vivernoronha.org/products/10-adulto-escovas-de-dentes-bambu-vivernoronha. Acesso em: 27 abr. 2023.

10 VALÉRIO, Marisa. **Brasil já tem hastes flexíveis de plástico biodegradável.** 2020. Disponível em: https://amanha.com.br/categoria/negocios-do-sul1/brasil-ja-tem-hastes-flexiveis-de-plastico-biodegradavel. Acesso em: 27 abr. 2023.

11 TISSUE ONLINE. **Além de papel higiênico, Mili lança as primeiras hastes flexíveis de plástico biodegradável do Brasil.** 2019. Disponível em: https://tissueonline.com.br/alem-de-papel-higienico-mili-lanca-as-primeiras-hastes-flexiveis-de-plastico-biodegradavel-do-brasil/. Acesso em: 27 abr. 2023.

12 VAIANO, Bruno. **Johnson & Johnson troca plástico por papel nos cotonetes.** 2017. Disponível em: https://super.abril.com.br/tecnologia/johnsons-troca-plastico-por-papel-nos-cotonetes/. Acesso em: 27 abr. 2023.

13 PHC. **Sustentabilidade.** [s.d.]. Disponível em: https://www.phc-bra.com.br/sustentabilidade/index.html. Acesso em: 27 abr. 2023.

14 BRANDÃO, Thales. **Subway apresenta campanha sobre conscientização e redução do uso de plástico.** 2019. Disponível em: https://www.cidademarketing.com.br/marketing/2019/06/12/subway-apresenta-campanha-sobre-conscientizacao-e-reducao-do-uso-de-plastico/ . Acesso em: 27 abr. 2023.

15 GONÇALVES, Antonio Gabriel Cerqueira. **Restaurantes Subway substituem embalagens e sacolas plásticas por papel da Guardanapos Leal.** 2021. Disponível em: http://diariodoverde.com/restaurantes-subway-substituem-embalagens-e-sacolas-plasticas-por-papel-da-guardanapos-leal/. Acesso em: 27 abr. 2023.

16 MERCADO COMUM. **Subway lança campanha contra uso de canudo plástico.** [s.d.]. Disponível em: https://www.mercadocomum.com/subway-lanca-campanha-contra-uso-de-canudo-plastico/. Acesso em: 27 abr. 2023.

17 EXAME. **Sem planeta não há negócios:** empresas buscam especialistas em ESG com urgência e pagam R$ 20 mil. 2022. Disponível em: https://exame.com/carreira/sem-planeta-nao-ha-negocios-empresas-buscam-especialistas-em-esg-com-urgencia-e-pagam-r-20-mil/. Acesso em: 27 abr. 2023.

18 CAETANO, Rodrigo. **O que acontece com as ações de uma empresa quando ela investe em ESG?** 2023. Disponível em: https://exame.com/esg/o-que-acontece-com-as-acoes-de-uma-empresa-quando-ela-investe-em-esg/. Acesso em: 27 abr. 2023.

19 SCHWARTZKOPFF, Frances. **Há uma nova abordagem no contexto ESG e o JPMorgan é fã dela.** 2022. Disponível em: https://einvestidor.estadao.com.br/investimentos/materialidade-dupla- esg/#:~:text=No%20contexto%20ESG%2C%20isso%20%C3%A9,uma%20empresa%20e%20sua%20receita. Acesso em: 27 abr. 2023.

20 JOKURA, Tiago. **O que é materialidade?** 2022. Disponível em: https://netzero. projetodraft.com/o-que-e-materialidade/. Acesso em: 27 abr. 2023.

21 VIVO MEU NEGÓCIO. ***Greentechs* protegem o futuro por meio da inovação.** [s.d.]. Disponível em: https://vivomeunegocio.com.br/startups/inovar/greentechs/. Acesso em: 28 abr. 2023.

22 BEVILAQUA, Beatriz. **Startups serão protagonistas dos avanços sociais e ambientais.** 2021. Disponível em: https://www1.folha.uol.com.br/mercado/2021/12/startups-serao-protagonistas-dos-avancos-sociais-e-ambientais.shtml. Acesso em: 28 abr. 2023.

23 ALVES, Ricardo Ribeiro. **A certificação florestal na indústria moveleira nacional com ênfase no Polo de Ubá,** *MG*. 2005. 112 f. Dissertação (Mestrado em Ciência Florestal) – Universidade Federal de Viçosa, Viçosa, MG, 2005.

24 LEVITT, T. **A imaginação de *marketing*.** 2. ed. São Paulo: Atlas, 2007.

25 OTTMAN, J. A. **As novas regras do *marketing* verde:** estratégias, ferramentas e inspiração para o branding sustentável. São Paulo: M. Books do Brasil Editora Ltda, 2012.

26 TORQUATO, L. P.; IWAKIRI, S.; BONDUELLE, G. M. Avaliação das propriedades físicas e mecânicas de painéis de fibras de média densidade (MDF) produzidos pelas indústrias brasileiras. **Revista Floresta**, Curitiba, v. 40, n. 2, p. 275-280, abr./jun. 2010.

27 FÓRUM PERMANENTE DE DESENVOLVIMENTO ESTRATÉGICO DO ESTADO DO RIO DE JANEIRO. **Indústria moveleira se reinventa para competir.** 2014. Disponível em: https://www.querodiscutiromeuestado.rj.gov.br/noticias/4219-industria-moveleira-se-reinventa-para-competir. Acesso em: 28 abr. 2023.

28 MASLOW, A. **Motivation and personality.** New Yah: Harper & Row, Publishers, 1970.

29 KOTLER, Philip; ARMSTRONG, Gary. **Princípios de *marketing*.** 18 ed. Porto Alegre: Bookman, 2023.

30 SOUZA, Jocaff; TEIXEIRA, Chandy. **Japoneses dão exemplo de civilidade e recolhem lixo na Arena das Dunas.** 2014. Disponível em: https://g1.globo.com/rn/rio-grande-do-norte/noticia/2014/06/japoneses-dao-exemplo-de-civilidade-e-recolhem-lixo-na-arena-das-dunas.html#:~:text=Os%20sacos%20de%20lixo%2C%20inflados,a%20aten%C3%A7%C3%A3o%20quanto%20o%20jogo. Acesso em: 28 abr. 2023.

31 ALVES, Ricardo Ribeiro; JACOVINE, Laércio Antônio Gonçalves; NARDELLI, Áurea Maria Brandi; SILVA, Márcio Lopes da; FRAJ-ANDRÉS, Elena. **Consumo verde:** comportamento do consumido responsável. 2 ed. Viçosa: Editora UFV, 2023.

ÍNDICE

A

B

C

Este livro foi impresso com Papel FSC® Offset 70g
nas oficinas gráficas da Editora Vozes Ltda.
Rua Frei Luiz, 100 – Petrópolis, RJ.